Titelfoto: © Günter Leitenbauer

Inhaltsverzeichnis

Vorwort zum zweiten Buch

Es ist schon ein paar Monate her, dass ich meine „Ruinierten Lieder" in Buchform herausbrachte. Der Erfolg war überwältigend. Ich habe unzählige Exemplare verschenkt, Freunden aufgedrängt, die nicht nein sagen konnten – und sogar einige verkauft!

Natürlich stand in all der Zeit mein wirres Hirn nicht still, und so habe ich viele neue Texte zu armen, unschuldigen Liedern entdeckt. Ich erfinde ja die Texte nicht, die finden eher mich.

Also was nun tun mit all diesen neuen Liedern?

Sie euch vorzuenthalten wäre ein Verbrechen, und ich bin ein rechtschaffener Bürger. Ein zweites Buch musste her. Sollte man darin nur die neuen Texte bringen oder aber gleich ein Sammelwerk mit über 100 Liedern herausbringen? Eigentlich wollte ich nur die neuen Lieder im Buch haben, aber ich habe beim Schreiben darauf vergessen, die alte Datei zu löschen, und so findet ihr jetzt eben alle Lieder konzentriert in einem Elaborat. Ist vielleicht eh besser, zumindest wenn ihr genauso vergesslich sein solltet wie ich. Dann habt ihr das alte Buch sicher schon verlegt (da fällt mir ein, einen Verleger brauche ich auch noch) und seid froh, dass ihr jetzt alle Lieder an einer Stelle findet. Oder das erste Buch ist vom vielen Lesen schon total verschlissen, dann braucht ihr sowieso ein zweites. Oder aber begeisterte Freunde haben es euch gestohlen, als ihr den Fehler machtet, sie bei einem Besuch in eurem Hause einen Blick hineinwerfen zu lassen. Oder, oder, oder ...

Damit euch beim Lesen nicht fad wird (und um euer Gedächtnis zu testen), habe ich die Lieder durcheinander gewürfelt. Vielleicht findet ihr ja die Systematik, nach der sie angeordnet sind. Dann teilt sie mir bitte mit, damit ich das auch weiß!

Damit ich die Lieder selbst wieder finde, habe ich dann am Ende ein Titel- und Interpretenverzeichnis angefügt mit den Originaltiteln und den Ruinen. Das ist nur für mich, nicht für euch!

Einer meiner unzähligen Fans (wie gendert man eigentlich „Fan" richtig? Na egal, ich bin politisch sowieso total inkorrekt) kam mit der Anregung, das Buch mit Bildern von mir (ich bin ja auch Fotograf) aufzulockern. Alter, geht`s noch? Wenn du ein Comic willst, dann geh in die nächste Bahnhofsbuchhandlung und kauf dir die Micky Maus!

Man machte mich auch auf ein, zwei Tippfehler im ersten Band aufmerksam. Oh ihr Götter! Glaubt ihr wirklich, das waren Fehler? Um euch nicht weiter zu verwirren, habe ich sie trotzdem „ausgebessert" (und einige neue eingebaut) und danke pflichtschuldigst für eure Aufmerksamkeit.

Vorwort zum ersten Buch

Jedes Buch, das etwas auf sich hält, braucht ein Vorwort. Es klingt aber viel edler, wenn man es „Prolog" nennt. Nur woher nehmen und nicht stehlen? Eigentlich sollte das jemand schreiben, der sich eingehend mit meinem Werk beschäftigt hat. Ich habe niemanden gefunden, was sehr traurig ist, und mich daher selbst interviewt. Einen gewissen Narzissmus darf man schon haben.

Herr Leitenbauer, wie kamen Sie auf die Idee, Lieder, die Ihnen gar nichts getan haben, einfach so zu ruinieren?

Wer sagt Ihnen jetzt, dass mir diese Lieder nichts getan haben? Wobei es stimmt, dass viele davon von Interpreten sind, die ich sehr schätze.

Entschuldigen Sie, also wie kamen Sie auf die Idee, Lieder zu ruinieren?

Lassen Sie es mich mit Reinhold Messner sagen. Weil sie da waren.

Das sind sie für alle anderen Zuhörer ja auch, aber die wenigsten machen sie kaputt, oder?

Dann sollten Sie nicht mich, sondern diese anderen interviewen! Was wollen Sie eigentlich von mir?

Sie haben mich doch ersucht, für Ihr Buch ein Vorwort in Form eines Interviews mit Ihnen zu schreiben. Das geht nun einmal nicht, ohne Sie ein paar Sachen zu fragen!

Ja stimmt. Zu Ihrer Frage: Ich ruiniere keine Lieder. Diese Lieder drängen sich einfach heraus. Sie sind da und dann müssen sie zu Papier beziehungsweise in den Computer. Das ist so ein wenig, wie wenn man dringend aufs Klo muss.

Sie produzieren also – verzeihen Sie den Ausdruck – Scheiße?

Nein. Ist ja ein kleines Buch. Andere urinieren, ich ruiniere, wenn Sie so wollen.

Sind die Texte alle ernst zu nehmen?

Herr Redakteur, vom Ernst, dem ehemaligen Minister, handelt, glaube ich, nur ein Lied. Aber das Wesen des Sarkasmus ist ja sowieso, dass er immer von den richtigen falsch verstanden wird. Ich biete diesen Menschen gerne einen Haken, an dem sie sich aufhängen können.

Sie sind wirklich kein einfacher Gesprächspartner, oder?

Bei Selbstgespräch-Interviews wäre Einfachheit auch nicht sehr zielführend. Da sollte man mit sich selbst schon mindestens zu zweit sein, denke ich.

Herr Leitenbauer, ich danke für dieses aufschlussreiche Gespräch.

Bitte, Sie wissen ja, wo Sie mich finden, falls noch Fragen auftauchen. Und, was ich noch fragen wollte: Warum sind wir per Sie? Müssen wir uns da Sorgen machen?

Die Lieder

Ich habe mir sehr lange den Kopf zermartert, wie ich die Lieder anordnen soll. Thematisch oder doch nach Interpreten geordnet? Nach Genre oder gar nach Versmaß? Nach endlos erscheinenden zwanzig Sekunden, in denen ich alle Höllenqualen eines Dichters durchlitten hatte, entschied ich mich im ersten Buch für eine chronologische Anordnung in der Reihenfolge des Entstehens. Im zweiten Buch gibt gerade die Anordnung ein Rätsel ko(s)mischen Ausmaßes auf, das zu lösen ich meine Löser – äh Leser – ermutigen möchte.

Ich hoffe, dass sich jetzt immer noch kein Hobbypsychologe zu einer Analyse der Entwicklung meiner Persönlichkeit bemüßigt fühlt. Das wäre immer noch genauso zwecklos wie beim ersten Buch! Ich habe mich nämlich nicht geändert. Ich werde mich auch nicht ändern! Das wäre äußerst dumm, weil ich ja der einzige bin, mit dem ich tagtäglich auskommen muss. Würde ich mich ändern, dann verstünde ich mich eventuell selbst nicht mehr, und das würde dieses Auskommen mit mir drastisch erschweren.

Dieses Buch versteht sich wie das erste Buch als Kabarett oder Satire. Unter Inanspruchnahme der künstlerischen Freiheit zur ironischen Überzeichnung sind die Texte bitte, bitte nicht ernst zu nehmen! Nicht einmal die, wo ein Ernst vorkommt. Und die anderen schon gar nicht!

Wenn ihr die Lieder singt, dann achtet bitte auf das Anheberrecht (wer fängt auf welchem Ton an) und auf das Urheberrecht! Alle Rechte zu den Texten liegen bei mir. Ihr dürft die Lieder ausschließlich nicht kommerziell aufführen, und zwar nur dann, wenn ihr dabei meinen Namen als Urheber nennt. Eine kommerzielle Verwertung darf nur mit meinem schriftlichen Einverständnis erfolgen. Da mich nach Erscheinen des ersten Buchs tausende Leserbriefe erreichten, die um eine Klärung des Begriffes „kommerziell" baten, möchte ich das hiermit verdeutlichen:

„Ich will nicht, dass ihr mit den Früchten meiner Arbeit Kohle macht!" (Verbrennen dürft ihr es aber schon, nur sagt mir bitte nichts davon.)

Achtet auch auf die Melodierechte! Auch diese sind durch die jeweiligen Komponisten natürlich streng geschützt.

Wer jetzt schon am Anfang ein neues Lied erwartet hat, den muss ich leider enttäuschen. Um den tieferen Unsinn dieses Buches zu erfassen, ist es sehr wichtig, mit dem ersten Lied zu beginnen.

Alles fing am 7. August 2014 an, als ich einen lustigen Cartoon über die Verwendung von Mobiltelefonen am Strand sah. Leute mit Sonnenbrand, lediglich (ich hätte jetzt auch „nur" schreiben können, aber „lediglich" ist länger und bläst das Buch etwas auf, und ich wollte unbedingt ein Buch mit mehr als 200 Seiten schreiben) – also lediglich der Schatten der Hände, die das Mobiltelefon hielten und der Schatten des Mobiltelefons („Handy" wäre kürzer, gleicher Grund wie oben) vermieden mancherorts einen Sonnenbrand. Mir fiel dazu spontan

Rainhard Fendrichs gleichnamiges Lied ein. Frag dich nie, lieber Leser (falls es dich überhaupt gibt), warum ich welche Assoziationen habe. Mein Hirn funktioniert manchmal wirklich äußerst eigenwillig (und manchmal gar nicht, wie böse Zungen behaupten).

Oben Ohne

Das WLAN am Strand
ist im Sommer perfekt.
Liegst mit dem Handy am Sand
wird der Busen verdeckt.
Und du brauchst kein Nivea.
Handyschatten tut's eh a.
Nur gehst DU dann ins Wasser
bist halt stellenweis' blasser!

Alle tippen wie wild,
egal ob's heiß oder mild.
In den Armen die Krämpfe
In den Achseln die Dämpfe.
Alles geht heute online
bis zur Hüfte in' See rein.
Früher sprachen sie noch.
Heut statt Hirn nur ein Loch.

Oooooben ohne
(Ka Summa ohne WLAN, ka Summa ohne WLAN heia)

So a sportliche Tussi
knipst ein Selfie mit Bussi.
Ja ihr Busen hat "D".
Das i-Pad verdeckt's eh.
Sie schaut grinsend zum Nachbarn.
Das ist wirklich zum Lachen:
Seinen Ständer zur Not
verdeckt kaum sein i-Pod.

Da dreht er sich am Bauch.
Tja, so geht es halt auch.
iPod am Po zum Verdecken.
Und denkt sich: "Kannst mich le...
Doch jetzt brennt halt die Hitze
auf die Männerporitze.
Plötzlich macht es an "Klung"
Und's Display hat an Sprung.

Uuuuuunten ohne ....
(I brauch a neiches iPod, i brauch a neiches iPod jetzt)

Heute drückt sie, die Schwüle
furchtbar auf das Gemüt.
Keine App gibt's zum Kühlen.
Dieses Handy ist blöd!
Auch der Akku gleich leer.
Nichts wie weg hier vom Meer?
Da kommt Donner und Blitz:
Es ist aus mit der Hitz'.

Alle Smartphones sind nass jetzt,
weil der Regen so krass fetzt.
Taxi kannst nicht mehr rufen,
weil die Smartphones absoffen.
Tausend Leute steh'n blöd da.
Für'n Bus hat keiner a Geld da.
Online zahl'n kannst vergessen.
Handy hin bei der Nässn!

Sie sind ohhhhhhhne Handy ...
So a Schas is des, so a Schas is des au weia!

Da passt das nächste Lied thematisch eigentlich ganz gut dazu. Es ist eines von den neuen. Das darf man sowieso zerstören, weil es sich um Wolfgang Ambros' *„Da Hofa"* und somit von einer Leiche handelt. Wie soll man aber eine Leiche noch weiter ruinieren? Für religiös empfindliche Gemüter, Feministinnen und kleine Kinder ist es jetzt nicht direkt gedacht. Wenn ihr zu einer dieser Gruppen gehört, blättert bitte einfach ein Lied weiter (mir ist vollkommen klar, dass jetzt niemand weiterblättern wird, aber die Kunst der Manipulation hat man oder eben nicht)!

Das Lied setzt sich aus Versen zusammen und mit der Ambivalenz der Koexistenz von Religionen aus Orient und Okzident auseinander (Ich musste lange im Wörterbuch für all diese Fachausdrücke blättern, also bitte erweist mir die entsprechende Ehrerbietung dafür).

Wenn ich mich demnächst nicht mehr am Telefon melde oder ihr meine Kommentare in Facebook vermisst, hat mich ein Islamist zum Märtyrer gemacht. Bislang war mein Auto der einzige Mehrtürer in unserer Familie, das wäre also mal was Neues. Und vielleicht stimmt das mit den 72 Jungfrauen im Paradies ja wirklich, wobei ich mich frage, warum die bei all den Märtyrern noch Jungfrauen sind ...

Allahu Nacktbar

Der Westen ist moralisch tot,
verdorben ganz und gar!
So schreibt uns der Imam:
"Es lebe der Islam!"
Was tun wir da? Weißt du was?
Jetzt gibt unsereiner richtig Gas!

Wir öffnen ein Rotlichtlokal!
Proteste sind uns ganz egal.
Bei uns ist jeder, das ist klar:
Willkommen in der Allahu Nacktbar!

Ich hör sie raunen schon die Leut.
Die Männer haben eine Freud.
Denn wir sind nicht konfessionell
Bei uns kommt jeder, und das schnell!

Ob Moslem, Christ, ob Israeli:
Wennst nackt bist, kümmert sich die Geli.
Sie fesselt dich in Schleierhaft
und raubt dir deinen letzten Saft.

Geh her, mach auf de Tür!
Bei uns, da kriegst dein Bier!
Auf Wunsch auch ohne Alkohol, na klar!

Kommt rein, legt mich aufs Kreuz!
Zerst nageln, und dann zoit's!
Mit Karte, Naturalien oder bar.

Talarträger, Turbanbinder
Bei uns ist jeder gern ein Sünder.
Mit den Synagogogirln
kannst bei uns auch gerne whirln.

Und sie pumpern an die Tür!
Und machen an Krawall als wia!
Und sie tretatn's a glatt ei,
tät der Türlsteher net sei.

Der sagt:
A jeda kommt zum Buddhan dran.
Mit Frauen oder auch mit Mann.
Auch Sala fisten geht, na klar:
Im Rammeldan in ...
Allahu Nacktbar!

Ich ruiniere selten ein Lied zweimal. Aber manche sind einfach nicht kaputt zu kriegen. Wie eben das vorhin bearbeitete Lied von Ambros „Da Hofa". Dass man aber dieses Lied auch zu einem durchaus ernsten Thema (war das Ursprungslied ja auch) verändern kann, soll der folgende Text verdeutlichen.

Ich widme dieses Lied unserer wenig verehrten Innenministerin (zur Zeit des Erscheinens hatten wir zumindest nominell eine Frau auf diesem Posten). Die ist irgendwie politisch auch nicht kaputt zu kriegen. Wie ein uralter Röhrenfernseher, den eigentlich jeder schon aus dem Wohnzimmer haben möchte, aber so lange Django drauf noch läuft, bleibt der Kasten stehen, auch wenn er nicht viel am Kasten hat außer der Blumenvase mit der verstaubten Kunststoffrose.

"Da Syrer"

Schau da liegt a Frau am Boden
Bluat am Hois ois wia.
Herst, des is makaber!
War sicher a Araber!
Der steht nu do, wos mocht der do?
Ruaft mit dem Handy seine Spezln an!

Der Syrer war's vom Zwanzgerzelt
Der Moslem aus der Mörderwelt.
Der Asy hat an Anfall kriagt
und hot de arme Frau da massakriert!

Da geht ein Murmeln durch die Massen.
"Zuerst liegn's uns auf unsren Kassen.
Und dann ermorden's uns're Fraun.
Ja man sollt sie z'sammenhaun!"

Und der Mob bewegt sich vor.
Den lynchen wir, das wird jetzt klar.
Der erste packt an Ziegelstein
und zielt damit auf dieses Schwein.

"Lass die Frau in Ruah!
Denn jetzt kommst dran du Bua!
Weil für den Verbrechen wirst jetzt zahln!
Leg dein Handy weg!
Schau net so verschreckt!
Du hast kane Freund, die da d'Stangen halten!

Asylant! Scheiß Migrant!
Heute wirst von uns verbrannt!
Wirst schon sehn!
Jetzt wirst nimmer lange steh'n!"

Und sie gehen auf ihn zu.
In ihren Augen blinde Wut.
Da kommt die Rettung, man macht Platz.
Der Notarzt spricht an lauten Satz:

Er sagt: "Was ist denn meine Herrn?
Sein's froh, die Frau muss eh nicht sterbm.
Mit Luftröhrenschnitt in größter Not
rettete der Mann ihr Leben grad."

Hier schlug erneut der Blitz der Erleuchtung in mich ein und fuhr durch die wie wild tippenden Finger in den PC. Wieder musste der arme Rainhard dran glauben. Ich weiß nicht mehr, was der Anlass war, aber irgendwo hatte ich wohl etwas über rasierte Männerkörper gelesen. Vermutlich in Facebook. Da stehen immer wieder so interessante Sachen. Sandras Hund schläft gerade, wie man auf dem von ihr geposteten, unscharfen Bild erkennen kann, und Ludwig hat sich Fertigpizza gemacht, ohne das Plastik vorher abzumachen, weshalb ihm jetzt Daniel gerade erklärt, dass man die besser einfach in der Mikrowelle brät. Ist aber schon wieder alles vergessen, weil Anita vor dem Ausgehen ein Selfie vor dem Spiegel gemacht hat und sich jetzt alle darüber lustig machen, dass im Hintergrund der Vibrator noch am Bett liegt. Facebook ist einfach geil.

Um euch ein wenig nachvollziehbar zu machen, wie das dann läuft in meinem Kopf. Ich lese etwas von glattrasierten Männern. „Glatt". „Glatt so Glatt". „*Macho Macho*". Und schon geht's dahin, schon küsst mich die Muse der Dichtkunst. Ich wäre nämlich gern dichter.

Glatt so glatt

Sie sagt sie wolle keine Wolle.
Die Augenbrauen nähm' sie aus.
Dass er sich doch rasieren solle?
Auf glatte Haut steht's überaus.

Der Mann von heute zeige Glätte!
Weg mit dem Brust- und Achselhaar!
Nur solche kämen ihr ins Bette.
Ka Angst hat sie vor Rutschgefahr.

Glatt so glatt, so soll die Haut sein!
Glatt so glatt, so ghört's rasiert!
Ob mit Creme, mit Wachsen oder mit Gilette.
Glatt so glatt, so das ist in heut!
Glatt so ist der letzte Schrei!
Ohne Haare bist bei Hasen voll dabei!

Vor fünfzehn Jahren ein Gorilla:
Vollbart und Brusthaar, halt ein Mann!
Bei Damen war er oft ein Killer.
An jedem Haar hing eine dran.

Doch plötzlich kam der David Beckham.
Und der war "metrosexuell".
Am liebsten würd' den Britenzecken
er teer'n und federn rituell.

Glatt so glatt, so sind jetzt Männer!
Glatt so glatt, so soll'n sie sein!
Nicht nur außen, nein auch geistig weich und sanft.
Glatt so glatt, so ist die Mode!
Glatt so glatt, so ist die Welt!
Weil uns "Brigitte" sagt, dass uns das sehr gefällt!

Ihr Mann tat alles, was sie wollte.
Und unter Schmerzen wich das Haar.
Damit sein Weibchen ihm nicht grollte.
Das Ende, das war absehbar.

Sie traf im Urlaub den Araber.
Einsneunzig, Bart und ganzer Mann.
Sein Brusthaar und sein Sexgelaber
zog sie auf einmal magisch an.

Glatt so glatt, das ist jetzt schmierig.
Glatt so glatt, das ist jetzt out.
Nur ein Mann mit Bart und Brusthaar ist ein Mann!
Glatt so glatt sind eh schon alle.
Glatt so glatt ist jedes G'sicht.
Na da hat frau bei Bärten quasi Beischlafpflicht.

Auch die Politiker sind arm jetzt,
weil jeder da mit glattem Schmarrn fetzt.
Wir wollen Kerle, die nicht fragen sondern tun.
Weg mit den Herren Spindoktoren.
Redet's von Fußball und Motoren!
Statt dem Lüfterl wollen wir jetzt den Taifun.

Ich bin für geschlechtlich ausgewogenen Ruin! Gendergerechtigkeit, wenn man so will. Wenn den Männern in einem Lied gehuldigt wird, dann auch den Frauen! Ein Lied von Danyel Gérard, das es auf Französisch, Deutsch, Englisch und jetzt endlich auch auf Ruinisch gibt: *"Butterfly, my Butterfly!"*. Für alle, die des Englischen nicht mächtig sind. Butterfly heißt Butterfliege. Und weil man Fliegen oft mit der flachen Hand erschlägt, also zerschmettert, hat sich der Begriff Schmetterling dafür durchgesetzt.

Arschgeweih

Auf dem Po saß ganz knapp ihre Hot.
Auch das Top war sehr kurz, großer Gott!
Doch sie reizte mich nicht, keinen Deut.
Grund dafür war, was schon alle haben heut':

Arschgeweih, ein Arschgeweih!
Ohne wär sie wirklich nett!
Arschgeweih, ein Arschgeweih!
Sowas kommt mir niemals in mein Spießerbett!

Ich geh weiter, und schon wieder nackte Haut.
Eine Topfigur und hübsch von vorn, die Braut!
Im Vorbeigehen da lächelt sie mich an.
Einmal umdrehen - und schon weiß jeder Mann:

Arschgeweih, ein Arschgeweih!
Sowas wird nicht aufgespießt.
Arschgeweih, ein Arschgeweih!
Weil mir das die Lust auf Sex total vermiest.

Es ist Winter und ich treffe diese Frau.
Ja die ist es, das weiß ich schon ganz genau!
Heim zu ihr, die Wäsche fällt bei Kerzenlicht.
Nur ein Blick, und ich weiß, mit der geht das nicht:

Arschgeweih, ein Arschgeweih!
Leider mir nicht einerlei!
Arschgeweih, ein Arschgeweih!
Und ich bleibe der Enthaltsamkeit heut treu.

Arschgeweih, ein Arschgeweih!
Sowas dient nur einem Zweck.
Arschgeweih, ein Arschgeweih!
Hält die Ehemänner von Versuchung weg.

Arschgeweih, ein Arschgeweih!
So ein Peckerl, das ist schön!
Arschgeweih, ein Arschgeweih!
Doch mir tut es leider in den Augen weh!

Als ich einmal im Autoradio Cat Stevens Riesenhit "*Morning Has Broken*" hörte, hatte ich einen Flashback auf meine Jugend – was waren das für Zeiten! Ich hab' mehr als einmal am Morgen gebrochen, als ich studierte!

Ich kann übrigens jedem nur empfehlen, Physik zu studieren. Da lernt man für das Leben! Als Physiker musste man damals drei sogenannte „Vorbereitungspraktika zur Diplomarbeit" machen. Das stellt man sich am besten als kleine, ca. dreimonatige Diplomarbeiten vor. Ich war ja auf einem Experimentalphysikinstitut und arbeitete mit Seltenerdmetallen, Supraleitung und flüssigem Helium, also so richtig, wie man sich Physik eben vorstellt! Irgendetwas musste mich aber geritten haben, dass ich ein Praktikum bei den theoretischen Physikern machen wollte – das sind die, die früher nur Papier und Bleistift brauchten und mittlerweile die ganze Rechenleistung der Universitäten abschöpfen.

Am Ende des Praktikums musste ich einen Vortrag vor dem versammelten Institut halten (inkl. einiger meiner Experimentalphysikkollegen, die extra dafür eine Sondererlaubnis zum Betreten der heiligen, theoretischen Hallen im 7. Stock bekamen). Ich erklärte also meine Rechnungen und ein Dozent bemerkte scharfsinnig, dass ich dabei die zweite Ordnung der Drehimpulse vernachlässigt hatte und somit die Aufspaltung der Energieeigenwerte nicht in die Rechnung mit einging. Ich erklärte ihm, dass diese Aufspaltung für das Problem irrelevant weil vernachlässigbar sei, worauf er sagte:

„Das ist ja alles ganz nett, Herr Kollege, aber die Welt beschreibt das nicht!"

Was soll man darauf antworten, wenn auch der Präsident der Akademie der Wissenschaften und damaliger Institutsvorstand unter den Zuhörern sitzt? Nun, ich sagte:

„Herr Professor, wenn ich die Weltformel entdeckt hätte, würde ich sicher nicht **hier** darüber referieren!"

Kurzes, betretenes Schweigen und dann allgemeine Erheiterung und ein hochroter Dozent. Kein weiterer stellte noch irgendeine Frage. Als es dann darum ging, meine Arbeit zu benoten, meinte mein Betreuer:

„Soll ich Ihnen nun einen Einser oder einen Zweier geben, was meinen Sie?"

Ich meinte, bei einem Zweier wäre mein Ehrgeiz derart angestachelt, dass ich sicher die Diplomarbeit bei ihm am Theorieinstitut machen würde.

Ich bekam eine Eins.

Jetzt bin ich etwas abgeschweift, eigentlich ging es ja um das Lied *„Mornin' Has Broken"* von Yusuf Islam, wie sich Cat Stevens heute nennt.

Heut morgn hab i brochn!

Heut morgn hab i brochn
Kreiz, war des jetzt grauslich!
Da Köhkopf hot gstochn,
da Schedl hot brummt!
I hob ma geschworen
I werd nimma saufen.
Gedächtnis verloren,
Woher des woi kummt?

I war mit dem Hani,
dem Jeff und dem Ferdl
an saufen. Da Schani
war a mit dabei.
Warn nur a paar Achterl
und dann a paar Klare.
A lustigers Nachterl.
Und jetzt Reiherei!

Nie wieder an Tropfen!
I schwör's hoch und heilig!
Im Schädl tuat's klopfen,
der Darm rebelliert.
I leg mi in'd Hapfn!
Glei so wia i bin.
Samt Hosn und Schlapfn.
Mei Bluatdruck is hin.

Da läutet die Glockn,
draußt stehn Jeff und Ferdl.
In'd Schuach ohne Socken,
geh i hoit schnö mit.
Was schadt' schon a Spritza?
Das kann mir nur helfen!
Am Abend da sitz ma
beim Wirtn todfit.

Wenn man mal in einem Strudel drinnen ist, dann kommt man da nicht mehr so schnell heraus. Mich hatte der Fendrichstrudel erfasst (manchmal ist es auch Mohn- oder Apfelstrudel, aber darüber habe ich noch kein Lied geschrieben). Und zugleich auch der verrückt-komische Wahn der Amerikaner, die sofort in einen semikomatösen Zustand fallen, wenn sie im Internet einen unbedeckten Nippel entdecken, nicht ohne zuvor noch kräftig Wirbel zu machen – und dem entsprechenden User Schwierigkeiten.

Wenn dieser User sie auf offener Straße mit einer geladenen Waffe bedrohen würde, wäre das kein Problem. Außer er hat in der anderen Hand eine Bierflasche, die nicht in einer braunen Papiertüte versteckt ist. Falco würde sinngemäß singen: „Amerika, wenn du nur wissast, wie du dich verpissen kannst!" (Keine Angst, das Lied kommt später im Buch auch noch.)

Also – in so einer Situation (Nippel sichtbar) kommt sofort auf Anzeige eines selbsternannten Moralapostels die Internetpolizei und macht eine virtuelle Razzia. Und schon funken die Neuronen in meiner grauen Masse, und es fluten die Botenstoffe, man ist eine arme Sau – und der Fendrich auch, weil ihm schon wieder ein Trottel ein Lied ruiniert. Diesmal seine *„Razzia"*, auch bekannt unter *„Gustav ans an Gustav zwa"*.

Facebook Razzia

Admin ans an Admin zwa:
Wir machen heut a Razzia!
Facebook Sicherheit gefragt.
Nackerte wer'n heut gejagt!

Ein Nippel hat da wen erschreckt.
A Wahnsinn wie das Netz verdreckt!
Gemeldet wurde gleich das Bild.
A Haut im Netz, das macht ihn wild.
Wir haben's sofort überprüft,
weil man dem braven User hüft.
Der Poster kriegt an Wickel.
Was? Ka Nippel, nur a Pickel?

Admin ans an Admin zwa:
Wir machen heut a Razzia!
Wir finden sicher so ein Schwein.
Dem sperr'n den Zugang wir gemein!

Was sich die Poster heut erlaub'm,
das sollt' ma wirklich gar net glaubm.
Wenn ich schon so an Fetisch seh:
Da postet wer an nackten Zeh!
Die Muschi gleich daneben ist!
Scho wieder so a Sodomist.
Von wegen Katzenbilder!
Diese Message ist viel wilder!

Admin ans an Admin zwa:
Wir machen heut a Razzia!
Social Web muss sauber sein.
Nackedeis g'hörn da nicht rein!

Ha, schau a Meldung kommt da, weil
da postet einer grad "Sieg Heil!"
Und ein Moralapostel denkt,
dass das bei uns hier jemand kränkt.
Geprüft, kein Brusterl ist zu sehen.
Die Meldung darf da ruhig so stehen.
Wir jagen keine Nazi.
Sondern nur Nudistenbazi.

Admin ans an Admin zwa:
Wir machen heut a Razzia!
Politisch mischt man sich nicht ein.
Ein Anschlag könnt die Folge sein.

Na herst, schau dir das Bilderl an:
Boah, was ist das für a Gun!
Und der Soldat, der da grad schießt:
Was glaubst, ob der schon dreizehn ist?
Wenn ja, dann darf das stehen, gut.
Was macht schon Hirn am Bild und Blut?
Das Recht auf Waffentragen,
wer will da was schlechtes sagen?
Schau, das hier ist Pornographie:
A Mund, a Brust, hängt dran und wie!
Moralisch würd' das killen.
Eine Mutter grad beim Stillen ...

Wenn wir schon bei der Moral sind – und nichts ist unmoralischer als die Moral, wie schon John Locke im 17 Jhdt. feststellte und wenn man sich mal überlegt, was alles schon mit einem Verweis auf die Moral gerechtfertigt wurde, dann schlüpft hier einfach schnell ein schlüpfriges Lied rein. Nein, nicht *„Slip Sliding Away"*, obwohl das auch mal ruingefährdet sein könnte. Nein, das Lied ist von den Beatles (Ringo Starr) aber berühmt machte es Joe Cocker: *„With A Little Help From My Friends"*.

Ihr könnt mir übrigens auch helfen: Empfehlt das Buch allen euren Freunden. Gleichsam als ein Lebenshilfebuch. Einige davon werden dann Exfreunde sein, aber so eine Bereinigung der realen oder virtuellen Freundesliste sollte man ganz generell von Zeit zu Zeit ins Auge fassen.

Das Blöde bei mir, wenn ich so ein Lied höre, ist: Ein paar falsch verdrahtete Neuronen suchen sofort nach ähnlich klingenden deutschen Wörtern. Und dann kann ich die Maschine nicht mehr stoppen ...

Das Problem lös ich mit meine Händ'!

Was braucht Mann a Frau, Mann ist gerne allein.
Das ist grundsätzlich cool ohne Stress.
Nur manchmal da treiben's die Triebe gemein.
Man sieht eine im Mini, wie kess:

Oh, das Problem lös ich mit meine Händ'!
Mmmh, das geht gut, da braucht's nur meine Händ'!
Mmmh, bevor ich da viel Kohle verschwend'.

Der Spüler ist hin, das Geschirr langsam aus.
Und ich frage mich, was soll ich tun?
Mechaniker kosten, das zahlt sich nicht aus.
Und ich brauche die Pfanne für's Huhn.

Oh, dann wasch ich einfach ab mit de Händ.
Mmmh, das geht gut, da braucht's nur meine Händ'!
Mmmh, bevor ich da viel Kohle verschwend'.

Wer kann mir das verdenken?
Ich steh' halt auf manuell.
Willst du mir etwas schenken?
Gummihandschuhe bräuchte ich, gell?

Das Licht blitzt noch einmal, dann ist es ganz aus.
Es ist dunkel, das Lesen fällt schwer.
Doch bist du begabt, machst das selber im Haus.
Seitenschneider und Zange muss her.

Oh, das Problem lös ich mit meine Händ'!
Ahhhh, nach dem Stromschlag da scheppern die Zähnd'!
Mmmh, ja vielleicht hab' i mi da verrennt.

Ich seh Lichter, es geht doch!
He, was macht dieser Zettel am Zeh'?
"Pathologie", das seh ich noch.
Und mir schwant, ich bin tot, ach herrje!

Oh, das Problem ist gelöst jetzt am End'!
Ich komm in den Himmel, jawohl meine Freind'!
Bin Kirchenzeitungdauerabonnent!
He, sagt mir mal wer, warum's da so brennt?

Engelschor:
"Sorry, wir machen das mit uns're Händ'!
Fehler passier'n, was Sie sicher verstehn'!"

Thematische Übergänge sind meine Spezialität. Hier nun ein zweifacher Übergang, auf den ich sehr stolz bin. Erstens ist das folgende, liedtechnische Abbruchhaus auch nicht ganz stubenrein und zweitens ist es ebenfalls einem großartigen Song der Beatles nachempfunden. Und zwar nicht irgendeinem sondern einem ihrer allergrößten Hits!

Zudem ist es gleichsam bilingual ruiniert. OK, nur ein bisschen bilingual, aber immerhin! Für alle, die jetzt gerade den Fremdwörterduden suchen: „bilingual" bedeutet – ach was nehme ich euch die Freude, auf zum Bücherregal!

"*Let It Be*" von den Beatles kennt ihr? Am Land hört sich das etwas anders an. Entstanden ist dieses Lied, als in unserem kleinen, idyllischen 800 Seelenort mal wieder das Grundwasser nicht genießbar war. Das Problem haben sie jetzt aber mit Chlor gelöst, was eine enorme Ersparnis für alle Schwimmbadbesitzer darstellt. Ich bin neugierig, wie lange es dauert, bis sie dafür den Wasserpreis erhöhen.

Let it pee!

Mei Bauch tuat weh, i sitz am Häusl.
Schuld sind wohl die E. coli.
Der Bauer düngt den Boden:
Let i pee, Let it pee!

Der Quellschutz wäre vorgeschrieben.
Der Bauer kriegt auch Geld, und wie!
Das kümmert ihn rein gar nicht.
Let it pee! Let it pee!

Let it pee, oh let it pee!
Wenn es stinkt, kratzt ihn das nie!
Auch's Schweindl muss mal pinkeln!
Let it pee. let it pee!

Und wenn die Kinder und die Alten
fast krepieren wie das Vieh.
An Durchfall, Ruhr und Typhus:
Let it pee, let it pee!

Was wär'n wir ohne uns're Sauen?
Schnitzel gäb's so gut wie nie!
Da muss man das aushalten.
let it pee, let it pee!

Let it pee, let it pee!
Let it pee, let it pee!
Die Gülle muss auf's Feld raus!
Let it pee, let it pee!

Let it pee, let it pee!
Let it pee, let it pee!
Wenn auch stinkt die Feldmaus!
Let it pee, let it pee!

Ein Wort noch zu den Bienenvölkern:
Am Sterben Schuld der Bauer? Nie!
Der Mais gedeiht ja prächtig!
Let the bees, let the bees!

Dass ohne sie bald nichts mehr wächst
zum Füttern für das Schweinevieh.
Auch das kapiert er recht nicht.
Let the bees, let the bees!

Let the bees, let the bees!
Let the bees, let the bees!
Nikotinid auch für Insekten!
Let the bees, Let the bees!

Let it pee, let it pee!
Let it pee, let it pee!
Auf die Felder die verdreckten.
Let it pee, let it pee!

Apropos Bienen: Die Worried Man Skiffle Group (sie kommen in der Tat aus Wien) schrieb vor vielen Jahren ein Lied, das die meisten unter *"Waunnst a Weh Brauchst"* kennen, das aber eigentlich *"I Bin a Weh!"* heißt. Das schreit nach einem neuen, aktuellerem Text, bezogen auf die vielen "Vereinsmeier" und ihre Wirkungsstätten.

Was das mit Bienen zu tun hat, fragt ihr? Die erste Zeile beantwortet euch diese Frage. Und ja, das Lied hat einen Bezug zum österreichischen Fotoverband. Aber ich habe etwas untertrieben. Der Klaus ist fiktiv, aber Klaus reimt sich nun einmal besser auf „aus" als Martin oder Harald oder was auch immer.

Im Verein da bin i wer!

Ob im Imkerverein,
ob im Fotoverband
I bin überall drin, kennst di aus?
Braucht ma wem, der parat is
und noch Möglichkeit gratis
sogt mei Spezl: "Herst nimm doch den Klaus!"

So bin i Präsident,
und a jeder mi kennt.
jetzt in siebzehn Vereinen, jawoi!
Sportclub, Siedlerpartie:
Ohne mi geht des nie!
Und nebmbei greif i ma a de Koin!

Im Verein da - bin i wer!
I regier jeden Club gern, mir foit des net schwer!
Und wenn irgendwer aufmuckt, dann mob i eam weg.
Weil das ist mein Lebenszweck!

Letzt redt ana im Club
von Mitbestimmung, den Bub
hab' i schnellstens mal diszipliniert!
Hab' mein Spezl gesteckt
er soll sagen, der heckt
einen Putsch aus, scho war er paniert!

Unser Fotoverband
der is bestens beinand.
Doch demnächst wird mal wieder gewählt.
Hab i schnell meine Spezi
Martin, Robert und Pezi
auf die Wahlliste gsetzt, dass nix fehlt!

Im Verband da - bin i wer!
I regier überall gern, mir foit des net schwer!
Und wenn nebenbei Kohle für mei Gödtaschl bleibt.
Ist des nix, wos mi vatreibt!

Besonders liebe ich diese Facebook Postings, die mit platter Kalenderspruchphilosophie Binsenweisheiten verbreiten, bei denen jeder zustimmen muss, aber die dann sowieso kaum jemand lebt. Und ich danke Gott dafür, dass diejenigen, die das posten, glücklicherweise meistens wenig Einfluss auf das öffentliche Leben nehmen. Da sind mir ja die korruptesten Politiker noch lieber!

„Erst wenn du dich selbst zu lieben gelernt hast, werden dich auch die anderen lieben!"

Das ist so ein Beispiel. What the Fuck? Das ist den anderen in Wahrheit vollkommen egal, ob du dich liebst! *Oh nein, denn du strahlst das ja auch aus, und dann mögen dich die anderen auch!"*

Okay, dann ist es eben mir egal, ob mich die anderen mögen.

Geradezu nervtötend sind in diesem Zusammenhang auch die Esoterikerinnen (bitte verzeiht mir das generische Femininum hier, es sind natürlich auch die Männer gemeint). Wenn du eine heftige Grippe hast, kommen sie mit tausenden guten Ratschlägen von Homöopathie über Schamanismus bis zum siebenmaligen Hüpfen auf dem linken Bein bei Vollmond. Du triffst sie aber kurz darauf meist in der Apotheke, wo sie sich schulmedizinische Grippemittel in der Familienpackung kaufen, wenn sie selbst mal Schnupfen haben.

Lieber Rainhard, einmal muss ich dich dafür noch textuell vergewaltigen. Du hast einfach einen genialen Liedschatz, an dem man nicht vorbeikommt. Wie zum Beispiel die *„Feinen Damen"*.

EsoterikerIn

Sie posten jeden Tag hier die Kalendersprüche.
Und jede Weisheit, die ist ihnen sehr vertraut.
Sie therapieren gern mit Farben und Gerüchen.
Sie erkennen jede Krankheit an der Haut.

Sie durchschauen dich im Bruchteil der Sekunde.
Zur Analyse reicht ein Satz von dir zumeist.
Mit Handauflegen heilen sie dir jede Wunde.
Denn sie haben ja den Esoterikgeist.

Was wär' wenn wir
die Esoterik nicht mehr hätten?
Was stünd' dann hier?
In Facebook und den Internetten?
Denn vom Gefühl,
ja davon gibt es nie zu viel.
Und alle die nur logisch denken,
ja die sollen sich nicht kränken,
denn die heilen wir sofort.

Sie schneiden sich die Haare nach des Mondes Phasen.
Und den Krebs heilt ja die Homöopathie.
Feng Shui sagt ihnen wo sie hingehör'n die Vasen.
Und mit Rosenquarz am Bildschirm strahlt der nie!

Wenn das Bein bricht, helfen jedem Schüsslersalze.
Einen Gips benötigt man nun wirklich nicht.
Wohnungswänd' nach Farbenlehre gern bemalt sie.
Bricht sich den Arm - und auf den Gips wird nicht verzicht'!

Was wär' wenn wir
die Esoterik nicht mehr hätten?
Auch wenn sie nur
bei all den and'ren wird vertreten.
Denn dieser Schmerz,
wenn der Knochen bricht mein Herz.
Ja der braucht **jetzt** Ibuprofen.
Kannst schnell zur Apotheke geh'n?
Und danach wird weiter g'sehn.

Sie liest gerne die Artikel in "Brigitte".
'So verführen Sie am besten jeden Mann!'
Leider sitzt sie jetzt am Posten bei der Sitte.
Sie überlas: 'Zieh'n Sie das nur zuhause an!'

Doch jetzt hat **sie** nach einer guten Viertelstunde
schon den Kiwara mit ihrer Gscheitlerei
beinah soweit, dass aus dem Amtsorganenmunde
sich der Satz löst: "Herst geh ham, i loss di frei!"

Was wär' wenn wir
die Esoterik nicht mehr hätten?
Es läg der Geist
in rationalen Eisenketten.
Die Wissenschaft
hat halt dagegen keine Kraft.
Und so schließt man messerscharf,
dass nicht sein kann,
was nicht sein darf!

Dazu passt ganz gut auch die Mode, aufgrund derer alle glauben, sie müssten zum Psychologen. Burnout hat man eben, wenn man was auf sich hält! Besonders hart arbeitende Berufsgruppen wie die Lehrer bekommen quasi schon bei der Einstellung in den Schuldienst ein Merkblatt „Wie begegnen Sie dem Burnout?" in die Hand gedrückt. Schmeißt es weg Leute, ihr begegnet ihm auch so. Ganz sicher! Jedenfalls kenne ich keinen Lehrer, der nicht dauergestresst ist. Ich unterrichtete ja zwanzig Jahre lang (sehr zum Leidwesen meiner Studenten) nebenberuflich an einer Fachhochschule. Datenbanken. Die Wüste Gobi ist dagegen eine tropische Feuchtzone, so trocken ist der Stoff. Und nein, ich habe im Unterricht nicht gesungen.

Ich war in einer für mich wirklich schweren Zeit zwar auch schon mal beim Psychologen, und hatte auch das Gefühl, dass es mir gut tat. Es soll hier auch auf keinen Fall wirklich professionelle Hilfe diskreditiert werden. Das Lied handelt eher von den selbsternannten „Mentalcoaches", die nach einem zweiwöchigen Humboldt-Fernkurs (oder von mir aus auch nach einem Studium – auch das filtert nicht alle Unfähigen aus) und siebzehn gescheiterten Beziehungen ihren zahlenden Klienten erklären, wie man eine Ehe führen soll. Diese „Glückspsychologen" also, die selbst dauernd missmutig ihre

Kontoauszüge anstarren, weil schön langsam der Markt mit ihnen übersättigt ist.

Und ich wehre mich gegen den Wahn, dass jeder wegen jeder Kleinigkeit glaubt, er bräuchte „professionelle Hilfe". Professionelle sind teuer, Leute! Alle, nicht nur die am Gürtel oder auf der Reeperbahn! Habt ihr keine Freunde? (Das mit den Freunden habe ich jetzt aus der Selbsthilfe-dokumentationssendung „Crocodile Dundee" geklaut.)

Das Lied ist im österreichischen Dialekt geschrieben. Es hat für mich halt einfach so gepasst. Oder elitärer formuliert: Der Künstler hat sich so entschieden! Muss ich deshalb gleich professionelle Hilfe suchen? Vielleicht an der *„Strada del Sole"*?

Irgendwann straht's uns olle!

I lieg auf da Couch, da bei mein Psychologen.
Irgendwos hot bei mir paar Synapsen verbogen.
I denk irgendwann muass die Birn doch moi laa sein?
Wos ist denn des sunst für a grausliches Dasein!

Und hab zvü Gedanken.
Jo i hob zvü Gedanken.
Daran kann ma erkranken.
Tat i net liegn würd i wanken.

Ich wollte mal lernen mit Logik und Denken.
Du deppades ES kannst da d'Einmischung schenken!
Vo mir aus kannst träumen waun i tiaf im Schlof bin!
Doch loss mi in Ruah wenn i tagsüber woch bin.

I hab zvü Gedanken.
Jo i hob zvü Gedanken.
Daran kann ma erkranken.
Tat i net liegn würd i wanken.

Der Herr Psychologe, mmmmmh
fragt nur deppad rum da, mmmmhh.
Er stöht ma nur Frogn, losst mi ollas sogn, Jo, den werd' i vaklogn!

I hab zvü Gedanken.
Jo i hob zvü Gedanken.
Daran kann ma erkranken.
Tat i net liegn würd i wanken.

Noch vierazwanzg Sitzungen bin i nu immer
gefühlstechnisch emotional voi am Schwimma.
Das Konto is leer jetzt, des hot ois der Dokta.
Morgn moi kan Termin, auf Ibiza da hockt a.

I wünsch eam scheen Urlaub, mmmm.
Und schick mi zum Teifi, mmmmhh
Was brauch i den Bledsinn, auf's geheilt sein da pfeif i!

Ich soll in ein Fitnesscenter, sagte man mir. Das weiß ich schon lange, Frau Doktor! Wenn man beim Schuhkauf nur noch Slipper nimmt, weil man die Schuhbänder beim Bücken weder sieht noch erreicht, dann sollte man wirklich trainieren. Weniger essen? Wer hat das gesagt? Das möchte ich auch hoffen, dass ich mich da verhört habe!

Naja, warum fällt mir dazu aber der "*Zombieball*" vom Danzer – Gott hab' ihn selig – ein, eines der gesellschaftskritischsten (was für ein Wort!) Lieder, das er machte?

Also gesellschaftskritisch – das kann ich aber auch! Auch auf die Gefahr hin, dass ich jetzt 50% meiner potentiellen Leser, nämlich die Damen, verärgere, dieses Lied muss einfach sein. Und wenn ich mich da in die Nesseln setze, was soll's? Ihr habt das Buch ja schon gekauft, selber schuld, kein Mitleid!

Zumbaqual

Heut ist Zumbaqual
dort im Fitnessclub
Fünfzehn Frauen
werden feucht beim Trainerbub.

Es ist Zumbaqual
In der Sportlergruft.
Sie ziehen ein den Bauch
und halten an die Luft.

Die Damen lieben ihn.
Der Trainer ist so schön.
Drum geh'n sie jede Woch'
pfeifen aus dem letzten Loch.

Mit Sechzig ist das hart.
Weg muss auch der Damenbart.
Denn die erste die ihn kriegt,
hat im Tussenkrieg gesiegt.

Heut ist Zumbaqual
dort im Fitnessclub
Fünfzehn Frauen
werden feucht beim Trainerbub.

Es ist Zumbaqual
In der Sportlergruft.
Waffenarsenal
das wirkt nicht, so ein Schuft!

Das heiße Sportlertop
das ist bei ihm ein Flop.
Und hüpft heraus die Brust.
Zeigt er trotzdem keine Lust.

Das geht auf die Substanz
dazu der schnelle Tanz.
Nur Trainerbub bleibt cool.
Kein Wunder, er ist schwul.

Heut ist Zumbaqual
alle Damen hot.
Plötzlich, auf einmal
fällt eine um, ganz tot.

Heut ist Zumbaqual
eine Tussenschlacht.
Eine weniger
und jede andre lacht.

Das war jetzt unter Umständen zu viel für zartbesaitete Damen. Zum Trost und als Kontrast nun etwas, das vielleicht manchen Männern sauer aufstößt – vielleicht habt ihr aber auch nur Sodbrennen. Reinhard Mey schrieb *"Die Ballade Vom Pfeifer"*. Ein Lied, das vielleicht nicht so viele von Euch kennen. Ich liebe es. Es ist einfach SPANNEND! Und ihr müsst dazu unbedingt pfeifen, sonst fehlt etwas. Wenn ihr nicht pfeifen könnt, dann pfeift halt drauf.

Somit widme ich dieses Lied allen angehenden und praktizierenden Voyeuren. Wehe, wehe, wenn ich auf das Ende sehe!

Die Ballade vom Spanner

Mit meinen siebzig Jahren, da schau ich so gerne zu.
Der Nachbarin beim Baden, und die Vorhäng' sind nie zu!
Ich kletter' auf den Apfelbaum, das Fernglas in der Hand.
Da oben auf den Ästen hab' ich einen guten Stand.
Jetzt fällt ihr Nachthemd und sie zeigt sich nackt, ja das ist fein.
Erregt fall' ich jetzt auch vom Ast und breche mir ein Bein.

(Pfeifen)

Der Gips behindert mich noch sehr, ich humple zum Gericht.
Dort kiebitze ich manchmal, denn verboten ist das nicht.
Da hat ein junger Kerl eine Handtasche geklaut.
Die Oma hat daraufhin mit dem Gehstock ihn verhaut.
Der Dieb bekommt Bewährung, doch die Oma wird verknackt.
Denn Notwehüberschreitung ist's, wenn sie ihn so verprackt.

(Pfeifen)

Am ersten Jänner springen sie, das hat hier Tradition.
Vom Brückeng'länder in den Fluss, na kalt ist das ja schon.
Seit Jahren ist da nichts passiert, kein Blut, keiner ersäuft.
Am Tag vorher versenk' ich dort paar Steine, dass das läuft.
Er springt am nächsten Tage dort, das Wasser färbt sich rot.
Na endlich ein Spektakel, das man heuer mir da bot.

Das heute ist bestimmt mein Tag, denn als die Rettung fährt.
Da kracht es gleich ein zweites Mal, als sie die Straße quert.
Ein Spannertag vom feinsten, denn es war ein LKW.
Ein abgerissner Arm, der landet neben mir im Schnee.
Ein bisschen bin ich da schon Schuld, Stopptafel war verhängt.
Doch hat den Rettungswagen ja ein anderer gelenkt.

(Pfeifen)

Beim Spannen ist die Krux, bei jedem Mal will man noch mehr.
Ein Stadlbrand ist ja ganz schön, doch reizt ein Großbrand sehr.
So zünd' ich dieses Lager an, die Tanks sind voll Benzin.
Nur leider macht es einen "Wumm", bevor ich weg da bin.
Der Flug war weit, der Arsch verbrannt, die Haare rauchten noch.
Als nach dem Flug ich einschlug, in dem alten Jaucheloch.

Jetzt schwebe ich auf einmal über mir, das ist genial.
Ich seh' wie sie mich rausziehn da, verbrannt und völlig kahl.
Das Spannen macht heut richtig Spaß, totaler Überblick.
Und riechen tu ich nicht die Gülle, das ist schon ein Glück.
Da packt von hinten mich am Kragen eine feste Hand:
"Du kommst jetzt einmal mit mir mit!", da bin ich jetzt gespannt.

Die Welt verblasst im Nu, und plötzlich seh' ich Rot.
Da merke ich das ist die Hölle, also bin ich tot.
Doch brennt hier nichts, noch tut was weh, nein die sind hier subtil:
Ich kriege jetzt ein Glashaus, rundherum da tut sich viel.
Bei allem was ich mache werd' beobachtet ich nun.
Und die Moral von dieser G'schicht: Du sollst nicht spannen tun!

Eines geht noch zum Thema Fitness, oder? Ich schrieb es Anfang April 2015, im Angesichte des kommenden Frühlings. Frühling, das ist die Zeit, wenn die Röcke kürzer und die Zungen und die Blicke der Männer länger werden. Frühling, das ist die Zeit, wenn im Garten die Wasserhähne tropfen, weil sie im Winter abgefroren sind. Frühling, das ist die Zeit, wo Mann daran denkt, dass es nun langsam mal wieder Zeit wird, Kleidung zu kaufen, weil man bei der einzigen Hose, die noch passt, darauf aufmerksam gemacht wurde, dass Bundfalten seit 15 Jahren out sind.

Ich möchte euch meine damaligen Gedanken unzensiert mitteilen:

Der Frühling kommt. Die Figur geht. Grönemeyer hatte "*Flugzeuge im Bauch*". Ich hab' Speckröllchen wie das Michelinmännchen. Wird Zeit, was dagegen zu tun.

Jedes Jahr dasselbe Lied!

Eine Kniebeuge tut es doch auch

Draußen wird's warm, Sonne kommt raus
Und die Jacke, die kommt jetzt weg.
Ich schau auf den Bauch, Entsetzen im Blick:
Woher kommt da bloß dieser Speck?
Fühl' mich voll und geschlaucht, Fitnessprogramm!
Eine Kniebeuge tut es doch auch!
Weniger essen!
Bauchumfang vermessen!
Aber auch das gelingt mir noch.

Will die Figur zurück!
Ich brauch diesen Bauch jetzt nicht.
Wenn ich mich zu Boden bück,
erreich' ich die Knie nicht!
Je eher, je eher das klappt.
Umso leichter, umso leichter fühl ich mich.

Ich geh' heute laufen, zieh' die Sportkleidung an.
Niemand hält mich jetzt davon noch ab.
In den Keller, such' Schuhe, zieh' sie an, bind' sie fest.
Über Stiege rauf, Kondition knapp.
Ich muss jetzt verschnaufen, das Laufen entfällt.
Eine Kniebeuge tut es doch auch.
Morgen gilt auch noch, ohh, morgen ist gut.
Da wird Trainingsplan dann mal erstellt.

Will die Figur zurück!
Ich brauch diesen Bauch jetzt nicht.
Wenn ich mich zu Boden bück,
erreich' ich die Knie nicht!
Je eher, je eher das klappt.
Umso leichter, umso leichter fühl ich mich.

Es ist Herbst, bin geschlaucht.
Alles tut weh.
Eine Kniebeuge tat es doch auch.
Darf wieder essen!
Muss nichts mehr vermessen!
Aber auch das gelingt mir noch.

Will die Figur zurück!
Ich brauch diesen Bauch jetzt nicht.
Wenn ich mich zu Boden bück,
erreich' ich die Knie nicht!
Je eher, je eher das klappt.
Umso leichter, umso leichter fühl ich mich.

Wo waren wir? Ach ja, beim Frühling. Musik von meinem USB Stick im Auto. *"Märchenprinz"* sang er mir eines schönen Morgens vor – beziehungsweise die EAV sang es mir vor. Ich fühlte mich ja durchaus geschmeichelt. Aber der Text geht gar nicht, der gehört gereinigt. Mit 120 Bar Nachdruck! Gekärchert gehört er!

Obwohl meine Lieder ja selten rein sind, ich habe sogar eine neue Versform erfunden, den Stubenreim, den ich hier allerdings nicht verwende. Das Lied ist ganz schlicht im vierhebigen Daktylus realisiert. Was? Nein, das sind keine Urweltmonster.

Kärchern sind's

Es wird schon Frühling und die Nachbarn treibt es raus.
Alles wird gereinigt vorn und hinten, rund ums Haus.
Am Wochenende steht das erste Grillen auf dem Plan.
Davor fühlt Mama noch dem Papa auf den Zahn.
Sie sagt: "Du fauler Knochen!"
Du putzt die Einfahrt, ich werde kochen!"

Widerspruch war gestern, heute wird gekuscht.
Mit dem gelben Druckgerät der Waschbeton geduscht.
Raus aus den Pantoffeln, Gummistiefel drauf.
Angesteckt das Ding, Wasserhahn noch auf.

Drückt auf den Knopf: Kein Wasser!
Den Hauptwasserhahn, den vergaß er.

Alle kärchern sind's, alle kärchern sind's!
Wa-wa-wa-wa-wa-wa-wasser her geschwind!
Alle kärchern sind's, alle kärchern sind's!
Auch wenn die Folgen grässlich und verheerend sind.
Ja ja ja, ja ua-ha!
Beim Frühlingsputz
da bläst er weg den Schmutz!

Er ist schon am Spritzen, der Nebel ist enorm.
Mit seinen hundert Bar, da ist er groß in Form.
Da hört er jemand schreien, er schaltet kurz mal aus.
Sein Weibchen brüllt gar heftig, es zittert fast das Haus!
"Schließ die Fenster vor dem Spritzen!
Jetzt hab' im Wohnzimmer ich die großen Pfützen!"

Wo gehobelt wird, da fallen eben Späne.
So a kleines Lackerl, kostet ihn da keine Träne.
Die Fenster sind jetzt zu, er macht voll Freude weiter.
Und bläst mit seinem Kärcher den Nachbar von der Leiter.
Was muss der grad die Dachrinn' reparieren.
Gequetscht sind jetzt - Milz und Nieren.

Alle kärchern sind's, alle kärchern sind's!
Wa-wa-wa-wa-wa-wa-wasser her geschwind!
Alle kärchern sind's, alle kärchern sind's!
Auch wenn die Folgen grässlich und verheerend sind.
Ja ja ja, ja ua-ha!
Das Nachbarblut kommt auch weg
mit dem ganzen Restdreck.

Die Einfahrt ist sauber, jetzt geht's an die Fassade.
Immer höher rauf, er ist da gar nicht fade.
Am Ende noch das Dach, mein Gott ist das verschmutzt.
Die Ziegel heben ab, alles wird geputzt.
Der Ständer mit der Leitung.
Am Montag drauf - da steht er in der Zeitung.

"Am Wochenende gab es einen Kärcherzwischenfall.
Ein Hausbesitzer wusch die Stromzuleitung zu brutal.
Die ganze Siedlung war zwei Stunden ohne Strom.
Niemand konnte kärchern, wegen diesem Gnom."
Ich les' es denk und warte:
Vielleicht kommt morgen dann die Parte.

Alle kärchern sind's, alle kärchern sind's!
Wa-wa-wa-wa-wa-wa-wasser her geschwind!
Alle kärchern sind's, alle kärchern sind's!
Auch wenn die Folgen grässlich und verheerend sind.
Ja ja ja, ja ua-ha!
Bei mir da bleibt der Schmutz.
Überleb' den Frühlingsputz!

Alle kärchern sind's, alle kärchern sind's!
Wa-wa-wa-wa-wa-wa-wasser her geschwind!
Alle kärchern sind's, alle kärchern sind's!
Auch wenn die Folgen grässlich und verheerend sind.
Ja ja ja, ja ua-ha!
Was stört mich Staub.
Ich leb' noch mit Verlaub!

"I am from Austria". Wie acht Millionen andere. Aber manchmal – ach wir Österreicher raunzen eigentlich auf sehr hohem Niveau. Im wesentlichen haben wir unseren Lottosechser ja schon bei der Geburt gemacht. Auch wenn unsere Regierung mit Feuereifer versucht, ihn in einen Fünfer mit Zusatzzahl umzuwandeln und sich die Differenz zu behalten.

Wisst ihr, was faszinierend ist? Man kann über eine österreichische Regierung einen kritischen Text machen. Solange man keine Namen nennt, wird der auch für die nächsten Regierungen passen wie die sprichwörtliche Faust aufs Auge. Jede Wette, dass dieses Lied auch noch nach drei weiteren Steuerreformen, vier Neuwahlen samt jahrelangen Sondierungsgesprächen und Koalitionsverhandlungen sowie fünf Auflagen dieses Buches zutrifft. Ihr haltet also ein zeitloses Stück Literatur in Händen. Ehrt es!

Jetzt graust mir, ja!

Der Kellner bringt die Suppe rüber
Den Daumen tunkt er dabei ein.
Am Rand da schwappt sie heftig über.
Dann niest er noch als wia
In mein Bier.

I bin vü gwohnt, I bin net kleinlich.
Und I stö mi net glei so an.
Doch des empfind' I jetzt als peinlich.
Du herst, des geht mi an!

Da kann ma mochn was ma wü.
Der Kellner hot anfoch ka Gfüh!
Da schwimmt des Haar im Suppal drin.
A Glück dass I net heikel bin.
A wenn ma jetzt scho Hunger ham:
Wos macht da drin der Küchenschwamm?

Das Steak, das schmeckt net, es is zach.
Dafür de Knödel butterwach.
De Sauce versoizn, alles kalt.
I denk an physische Gewalt.
Sog i am End dem Kellner dann:
(und wenn ihr wollts a ganz allan)
"Du herst, jetzt graust mir, ja!"

I siag im Fernsehn grod den Faymann.
Er lobt das Steuersenkpaket.
I denk ma nur: "Mein Gott, vertreibm man!
Wär gut, wenn die Regierung endlich geht!"

Do kann ma mochn wos ma wü.
Auf meinem Konto bleibt nie vü.
Da schmilzt des Göd ganz furchtbar schnö.
So wia vom Gletscher im Aprü.
Da kannst du wählen tausendmal.
Am End hast jedes Mal die Qual.

De Gfrasta zocken uns nur ab
und cashen selber nicht zu knapp.
Dienstauto, Bonus und Diät.
Und was halt sonst a so noch geht.
Am End bleibt uns dann nur die Last.
Und wieder stehn ma ganz alla:

Sche langsam graust mir, ja.
Sche langsam graust mir, ja.
Sche langsam graust mir, ja.

Well, Guys ich have the Rainhard ziemlich done. Now, one more von ihm wird noch okay sein, right? Anyway, da im Internet wird es recently schon rather hard, dass man noch gettet, was die Boys and Girls da so in ihrem Mischmasch aus German and English posten. Denglisch is the state of the art. Es ist einfach hip! Und wenn man in sein will, dann muss man mit. Wenn's sein muss in die „Schickeria". Die damit auch ruiniert ist.

Internäschionell

Outside ist es rainy.
But I bin so hot.
Engländisch das kenn i.
That's mein täglich Brot.
I bin immer cool herst!
Sprachlich up to date.
War i a a fool z'erst.
Jetzt a hotter mate!

Und am morning da poste ich schnell mal ein lässiges Statement.
Yeah because weil das taugt meine friends bis zum evening late end.

I'm internäschional
und superlässig fäschionell.
I bin halt fancy.
I bin in.

Klar kann ich auch German!
Ask me net so bled!
Aber willst du hip sein,
Babe, dann geht das net!
Cause de feschen Chicken
getst net mit Dialekt
Willst so eine f...rienden.
Serve drinks und nimma Sekt.

In da In-Bar da hocken sie waiting for me wie die Hendl.
I sag nur "Whazzup Babe, mogst now essen mit mir bei a candle?"

I'm internäschional
und superlässig fäschionell.
Mei name is Ted,
kumm mit ins Bett!

I'm internäschional
und superlässig fäschionell.
Drausst steht mei Car.
I pay in bar.

Rein financial da könnt it be wirklich a little bit better.
Anyway bin dafia ich im Grunde a ganz very netter.

I'm internäschional
und i bin espeschionell.
I am a Hammer.
I bin cool.

... ka fool, ... ka fool, ... ka fool

Ich habe da, wie bereits erwähnt, einen Stick am Autoradio hängen, mit ca. 1800 Songs. Zufallsreihenfolge. Eines Morgens meinte Barbra Streisand, sie müsste mir ihre "*Woman In Love*" ins Öhrchen trällern. Ihre Stimme ist genial, auch als Schauspielerin fand ich sie toll. Aber der Text ... den MUSS man einfach ruinieren!

Und wenn man in den Medien so verfolgt, für wie blöd sich die Menschen oft verkaufen lassen, dann wird daraus recht schnell etwas die das Folgende:

Die Dummen sind brav!

"Ein Kind grüßt immer ganz brav!"
erzog man mich.
Ich folgt' wie ein Schaf.

Da alte Frau nebenan.
Die sah nur weg.
Ich hielt mich trotzdem daran.

Als Kind da grüßt man nicht laut.
Weil so ein Kind
sich das gar nicht traut.

Sie grüßte niemals zurück.
Beschwerte sich dann:
"Ihr Sohn grüßt nie!" - Du Miststück!

Ja, nur die Dummen sind brav!
Befolgen Regeln wie blind.
Sind in der Herde ein Schaf.
Drum erzieh ich mein Kind,
dass es denkt,
sich das schenkt,
Auf seine Gefühle vertraut!

Eine Gesellschaft macht Druck.
Willst Teil du sein:
Ja dann denk nicht und schluck'

deine Gedanken hinab
Sag lieber ja.
Von der Wiege zum Grab.

Doch hatte ich hier das Glück
mit gut elf Jahr'n.
Einen Lehrer mit Blick.

Er sagte uns: "Denkt verkehrt!
Soll'n sie meckern, egal.
Ihr gehört nicht zur Herd'"

Denn nur die Dummen sind brav!
Befolgen Regeln wie blind.
Sind in der Herde ein Schaf.
Drum erzieh ich Dich, Kind,
dass du denkst,
dir das schenkst,
Auf deine Gefühle vertraust!

Denn bei mir wirst du nie brav!
Bei mir da denkst du noch, Kind!
Ich verachte die Schaf'!
Weil sie das Werkzeug nur sind,
für Diktatur!
Ich will nur,
dass du dir noch selber vertraust!

Merk Dir, die Dummen sind brav!
Befolgen Regeln wie blind.
Sind in der Herde ein Schaf.
Hast du mal ein Kind:
Schau dass es denkt,
und selber lenkt,
Und seinen Gedanken vertraut.

Ich glaube, ich war als Kind einer der größten Beatlesfans überhaupt. Ich bin ja 1965 geboren, werde also jetzt bald vierzig, und als ich in das Alter kam, wo diese Musik interessant wurde, also mit elf oder zwölf Jahren, da waren die Liverpooler Jungs als Band natürlich schon Geschichte. Trotzdem hatten sie nichts von ihrer Faszination verloren, und selbst heute kennt sie noch jedes Kind.

Sich von den Beatles ein Lied zum Ruinieren auszusuchen, das grenzt daher fast an Majestätsbeleidigung. Ich wage es trotzdem. Das Lied hat ja auch eine ulkige Geschichte. Paul McCartney wollte es zuerst *„Mirror Egg"* nennen, angeblich fiel es ihm im Bad beim Rasieren ein (ich hätte nie gedacht, dass die Jungs sich damals schon rasierten). Dass es dann zu *„Yesterday"* und vielleicht zum bekanntesten aber auf jeden Fall zum meist gecoverten Hit der Beatles wurde, ist eine andere Geschichte.

Wie man leicht herausliest, wurde es an einem Montag verunstaltet.

Lästertag

Lästertag!
Weil in Facebook ich das Lästern mag.
Wo am Montag ich nur Blödsinn sag.
Oh ja ich mag den Lästertag!

Wochenend'!
Hab' ich wieder mal total verpennt.
Wie schnell das nur vorüber rennt!
Das Wochenend' war anstrengend!

Warum ... ist's schon aus?
Keiner weiß, es ist halt so.
Montag ... ist ein Graus!
Bin vom Sonntag noch k.o. ohohohoho

Lästertag
Weil Sarkasmus ich so gerne mag.
Ich halt heute über Leggins klag.
Am Arbeitsmontag-Lästertag.

Warum ... ist mir fad?
Ach oh nein, ich denk nur weil:
Heut war im Marmelad'
Schimmel drin, das war nicht gei-hei-heil.

Lästertag
Nicht dass ich mich hier darob beklag.
Seht es halt mal als Befreiungsschlag!
Am Lästertagesvormittag
Am Lästertagesvormittag

Arlo Guthrie, der Sohn von Woody Guthrie, der Blueslegende, ist einer meiner Helden. Eine freche Göre war das in der Hippiezeit. Er spielte und sang übrigens auch in Woodstock 1969. Kennt ihr *Alices Restaurant*

Massacree"? 18 Minuten dauert dieser Song – und ist zum Brüllen, zumindest, wenn man meine Art Humor teilt. Ein Lied, das aber vermutlich viel bekannter ist, ist *"City of New Orleans"* – eines meiner Lieblingslieder von ihm. Es vermittelt so viel "Mood" (ich sagte noch nicht, dass ich gerne Fremdwörter verwende, um schlauer zu erscheinen, als ich bin, oder?)

Aber ruinieren kann man alles. Sogar dieses Lied. Vom Ohrwurm zum Ohrring, der an Susannes Ohr hing (ich bin so stolz auf diesen Doppelreim!)

Die Ballade vom Ohrring

Ich erzähl euch jetzt mal was von einem Ohrring.
Und was der so erlebt hat letztes Jahr.
Nachdem er lange an Susannes Ohr hing.
Und alles was danach mit ihm geschah.
Fast zwanzig Jahre hing er dort.
Er wollt auf keinen Fall dort fort.
Mit ihr bereiste er die halbe Welt.
Er war aus Gold und aus Platin.
Doch Susis Mann war plötzlich hin.
Und da beschloss sie: "Ich mach ihn zu Geld!"

"Guten Tag Herr Pfandleiher wie geht's Dir?
Kennst Du mich noch, die Susi aus dem Block?
Ich verkaufe Dir heut gerne meinen Ohrring.
Brauch Kohle, denn ich will jetzt nach Bangkok."

Am nächsten Morgen kauft ein Mann den Ohrring.
Der Händler dacht', es wär für seine Frau.
Er packt ihn ein und schenkt ihn seinem Lover.
Heutzutag weiß man nichts mehr genau.
Hinein ins Läppchen, rechts, na klar.
Er passt zum Teint von Gold, oh ja!
Vor Freude springt der Knabe auf vom Stuhl.
Doch leider war das am Balkon.
Samt Stuhl ging's runter, welch ein Hohn.
Neun Stockwerke hinab vom Sündenpfuhl.

"Guten Tag Herr Pfandleiher wie geht's Dir?
Kennst Du mich noch, ich war erst gestern da?
Ich verkaufe Dir heut gerne meinen Ohrring.
Zweck erfüllt, es klappte wunderbar."

Und so ging's noch mehrmals mit ihm weiter.
Auf diesem Schmuckstück lag ein böser Fluch.
Nicht für den Händler, der wurd' damit reicher.
Doch die Besitzer zierte schnell das Leichentuch.
Der dreizehnte, der ihn erwarb
als erster nicht so schnell verstarb.
Er schenkte ihn der Frau und flog allein
nach Thailand - und sie flog ihm nach.
Fand ihn bei einer, das gab Krach.
Und dann erschoss sie ihn, das fiese Schwein!

"Himmel nein, der hat ja meinen Ohrring!"
So schrie erstaunt die Rotlichtlady auf.
Sie gab ihn rein - da holte sie das Pech ein.
An Ohrringblutvergiftung ging die Susi drauf.

Doris Day – ja, die Schauspielerin, die hat ja auch gesungen – und ihre
berühmte Interpretation von "*Whatever Will Be, Will Be (Que sera, sera)*"
kam mir in den Sinn, als ich unvorsichtigerweise einem Radio zu nahe
kam, aus dem Andreas Gabalier trällerte. Ich finde, man müsste vor
einem Lied des „Alpenrockers" einen Warnhinweis senden, so wie er auf

Zigarettenschachteln zu finden ist, aber meine diesbezügliche Anregung hat der ORF bislang nicht umgesetzt, ja nicht einmal beantwortet. „Diese Geräusche können Ihr Wohlbefinden nachhaltig stören!", fände ich angebracht oder auch einfach nur „SSKM, Gebührenzahler!"

Vielleicht denkt ihr euch, nachdem ihr mein Buch bis hierher gelesen habt, ja das gleiche über meine Lieder. Das Gute ist, ihr müsst mir das nicht sagen und könnt mir so helfen, mir meine positive Stimmung und mein Selbstwertgefühl zu erhalten. Ich bin nämlich sehr sensibel. Weshalb ich auch kein Lied von Gabalier ruinieren könnte. Denn dazu müsste ich es riskieren, es mir genau anzuhören. Eines habe ich mir einmal angehört. Bei einem Formel Eins Grand Prix sang er es am Anfang, das hatte richtig Melodie und auch der Text war gut. Nur der Frauenministerin gefiel er angeblich nicht.

So ein Käs', jaja!

Schon als er war ein kleiner Bub,
da wollt er singen, wie Nachtigall.
Es wollt' nicht gelingen, man kann's nicht erzwingen.
Es war halt nicht so sein Fall!

So ein Käs', jaja!
Nein, das lerne ich nie, nein nie!
Ich kling eher wie Vieh, ja Vieh.
So ein Käs', jaja!
Blöde Harmonie!

Wenn es im Kehlkopf nicht so klappt,
dann braucht es was andres, eine Frisur!
Rein die Pomade, dazu eine Wade.
Volksmusikheldenfigur!

So ein Käs'-trala!
Stimmlich brauchst du es nie, ja nie!
Denn deine Fans, die sind dumm wie Vieh!
So ein Käs'-Trala!
Die kapier'n das nie!

Ein schicker Name: Gabalier!
Schon schmelzen die Frauen, die alten zuerst.
Sie stecken dir Rosen in die Lederhosen.
Als wenn du ein Chippendale wärst!

So ein Käs', oh ja!
Den verkauf' ich an sie, an sie.
Und verdien' dran, und wie, und wie!
So ein Käs', oh ja!
Kohle, die ich zieh'!

Doch noch fehlt eine Käuferschicht.
Ja wie nur kriegt man die Männer ins Boot?
Egal sind die Töne, sing Hymne mit "Söhne".
Schon schmieren's die Butter aufs Brot!

So ein Käs', haha!
Ja das lernen die nie, nein nie!
Heinisch-Hosek ist gut für mi!
So ein Käs', haha!
Ich werd' reich als wie!

Es ist *eigentlich* (Ich liebe dieses Wort. Man kann damit rechtfertigen, genau das Gegenteil zu sagen, was man schreibt. Und keiner kann einem daraus einen Strick drehen!) nicht meine Art, zweimal das gleiche Lied kaputt zu machen. Aber wenn das erste Mal überlebt hat (Fendrichlieder scheinen hartnäckig zu sein und ein eingebautes Immunsystem gegen Ruinitis zu besitzen), dann muss man eben ein zweites Mal ran. Eine Bekannte, ebenfalls Raucherin, hat mich auf die Idee gebracht. Keine

Angst Andrea, ich habe eigentlich (!) nicht vor, deinen Namen hier zu veröffentlichen.

Nichtraucher können dieses Lied überspringen, sie werden es sowieso nur schwer nachvollziehen können, welch unsagbares Leid die darin beschriebenen Situationen in einem Raucher heraufzubeschwören imstande sind.

Die Raucher unter euch – ich kann euch nicken sehen: „*Genau so ist es!*". Big Brother is watching You!

Um welches Lied von Rainhard Fendrich es sich handelt – nun, diese detektivische Kleinarbeit überlasse ich euch Lesern (wenn es euch überhaupt gibt).

Tschickeria

Zittrig sind die Hände.
Rastlos ist mein Blick.
Die Gestik sie spricht Bände.
Ich brauch jetzt einen Tschick!
Schon seit fast zwei Stunden
hab' ich nichts im Mund.
Hab' keine mehr gefunden.
Jetzt wird's mir zu bunt!

Endlich seh' ich am Eck diese viereckige Silhouett'n.
Nur der Tschickautomat, ja der kann mich vorm Ausflippen rett'n!

I bin net abhängig!
I bin nur quengelig!
Ka Gauloises?
Des wär' a Schas!

Steh' vorm Automaten.
Münzen in der Hand.
Doch der will a Karten.
Was is des fia a Land?

"Stecken Sie jetzt zur Feststellung Ihres Erwachsenenalters
Ihre Bankomatkarte hier rein in den Schlitz" - ja jetzt schnallt er's:

Mei Frau, die hatte Recht:
"A Jacke wär' net schlecht!"
Weil da wär eh
das Portemonnaie!

Und in dem Börserl ist
de blede Kartn, Mist!
Wieder ka Tschick!
I hob' ka Glick!

Und so werd' ich gezwungenermaßen halt jetzt ein Ex-Raucher.
Doch da krieg ich von hinten in'd Rippen an heftigen Taucher:

"Herst, host an Tschik fia mi?
Weu i so stier heit bi."
Da siag i rot
und hau de Krot!

Jetzt sitz im Häfn i,
weu i verurteilt bi.
Sag mir jetzt glei:
"Ja, Rauch macht frei!"

Macht frei, macht frei, macht frei

Okay, nachdem geklärt wäre, dass Rauchen ungesund ist, erhebt sich die Frage, was man sonst für seine Gesundheit tun könnte? Sport! Ich begann mit Windsurfing, als ich 17 war. Also im wassersportlichen Paläozoikum der 1980er Jahre. Nach Kalifornien, wo die Beach Boys ihr *"Surfin' USA"* schrieben, habe ich es nie geschafft. Für mich musste der Attersee reichen. Das war dann halt weniger Windsurfen und mehr Stehsegeln, aber machte auch Spaß.

Allerdings war ich einmal mit 130 kg Gepäck (zwei Koffer, zwei Surfbretter, vier Segel und eine Freundin) in der Dominikanischen Republik surfen. In Cabarete, Nordküste also Atlantik nicht Karibik. Das ist ein Weltcuprevier mit schöner Dünungswelle am vorgelagerten Riff. Was soll ich sagen, es war einfach geil. Bis mich ein Surflehrer darauf aufmerksam machte, außerhalb des Riffs aufzupassen, weil es da „Tigersharks" gäbe. Wie ihr seht, bin ich aber keinem begegnet und dachte ab da:

Schörfling tut es eh!

Wenn du surfst in Öst'reich,
Hier gibt es ja kein Meer.
Nur so kleinere Seen.
Auch mit dem Wind ist's schwer.
Das Wasser ist fast eisig.
Hat's Wind, dann liegt noch Schnee.
Doch statt Hawaii, das weiß ich:
Schörfling tut es eh!

Das Auto ist gepackt jetzt.
Brett, Segel, Gabelbaum.
Nun wird sogleich zum See g'hetzt.
Das Wetter ist ein Traum.
So denken leider viele.
Im Samstagstau ich steh'.
Es vergehen drei Stunden,
bis ich Schörfling seh!

Kein Parkplatz, das war klar, Mann!
Ich stehe weit, weit weg.
Ich schlepp' das Zeug zum Strand ran.
Und dann wird aufgeriggt.
Und endlich geht's zum Wasser.
Als ich am Ufer steh'.
Flaut natürlich der Wind ab.
Schörfling, Attersee!

Das Zeug zurück auf's Dach schnell.
Und über Weißenbach.
Geht's nach Ebensee, Rindbach, well!
Ein Freund sagt, Beaufort acht!
Kein Parkplatz, schleppen, riggen kennt man.
Das tut dem Freak nicht weh.
Ich steh am Wasser und weiß nun:
Darum heißt's EBENSEE.

Nach zwei Tagen Flaute kommt Montag.
Schörfling tut es eh!
Nächstes mal geht es nach Riva.
Am schönen Gardasee.
Da ist die Flaute teurer.
Und Schörfling kann mich eh!

Eine der Bands, die mich in meiner Jugend geprägt hat, war die Erste Allgemeine Verunsicherung (EAV). Ich fand – und finde – ihre Texte einfach genial. Hymnencharakter hatte dabei in meiner HTL Zeit, wo auch das eine oder andere Bier den Weg in unsere Mägen fand, das Lied „Morgen". Nach fünf bis sechs Bier kann es jeder singen, hundertprozentig und zweipromillig. Und die anderen merken dann sowieso nicht mehr, ob man dreimal die gleiche Strophe singt. Hauptsache LFB! Laut, falsch und mit Begeisterung.

Begeistert sehe ich auch oft den Golfern im TV zu. Ich genieße diese zwei Sekunden Entspannung bis zum Umschalten immer sehr (eine Sekunde für mich, um die Taste zu drücken und eine Sekunde für das Gerät, um den Kanal dann auch zu wechseln). Noch spiele ich ja Tennis, aber wer weiß, was in ein paar Jahren ist? Vielleicht stehe ich dann auch am Golfplatz und es geht mir, wie unten beschrieben ist.

Golfen

Am Golfplatz steh ich armes Schwein.
Das Loch ist so weit weg.
Was red' ich auch davor noch gar so keck?

"Was hast du für ein Handicap?"
fragt sie mich in der Bar
"Na keines!", sag' ich "denn ich bin ein Star."

Während ich den Ball aufleg‘,
bet‘ ich zu Sankt Jack Nicklaus.
Wenn ich ihn treff und er fliegt weg,
dann dämpf ich meinen Tschick aus.

Weil Golfen, ja Golfen:
Das schaut so einfach aus.
Doch ist der Ball klein,
und soll ins Loch rein.
Und das ist eine Meile weg.
Wer kommt zum Teufel auf so einen Dreck?

Am "Tee" da liegt die Kugel jetzt
und wartet auf den Schlag.
Einserholz, bevor ich ganz verzag'.

Ich hol aus, und ziehe durch.
Der Ball, der liegt noch da.
Doch meine Zehe schmerzt, mein Gott, oh aaaaaaaah!

Beim sechsten Schlag da treff ich voll.
Die Kugel zischt davon.
"Fore" schreit jemand, ich find's toll.
Im Clubhaus gehn's zu Boden.

Weil Golfen, ja Golfen:
Das schaut so einfach aus.
Doch ist der Ball hart.
Und wenn der ab fahrt.
Dann solltest ducken du dich gleich.
Für so nen Ball ist jede Birn zu weich.

Hinter uns ist schon ein Stau.
Wir sind am letzten Loch.
Na, am Ende ging es aber doch!

Im Schnitt nur siebzehn über Par
bei jeder dieser Lücken.
Achtzehn waren es - und die mit Tücken.

Ich freu mich auf den Doppler schon.
Im Clubhaus nach der Qual jetzt.
Doch dort erwart' mich schon der Hohn:
"Na du hast heute rein g'fetzt!"

Weil Golfen, ja Golfen:
Das ist so elitär!
Da musst am Rasen
du Dich aufblasen.
Dann bist im Clubhaus gleich mal wer!
Ich geh jetzt raus und hole mein Gewehr!

"All You need is love!" - DIE Hymne der Liebe von den unübertroffenen Beatles! Ich übersetz' das mal ... dieses Lied spiegelt dezidiert NICHT meine Einstellung wider! Und nein, „wider" ist kein Tippfehler, wie mir jemand auf Facebook unterstellte. Es passiert leider immer wieder, dass „widerspiegeln" falsch geschrieben wird. Widerlich finde ich das! Immer wieder! Was? Nein, ich bin Waage und nicht Widder.

Ab heut' bin ich brav!

Was erwartet sich die Welt von einem Mann?
Ist sie bei drei nicht auf dem Baum, dann häng' ich dran!
Ob hässlich oder hübsch, das ist mir ganz egal.
Ich krieg sie!

Und jede sagt zu mir: "Ab jetzt bist treu!"
Und ich versich're ihr, dass das so sei.
Sie wäre doch die einzige, die mich noch int'ressiert.
Ich lieb' sie ...

Ab heut' bin ich brav!
(und sie glaubt's das Schaf!)
Ab heut' bin ich brav, brav!
Braver geht's nicht mehr!

Zuletzt hab' ich mich wirklich sehr verliebt.
Hätt' nicht geglaubt, dass es das bei mir gibt.
Ich frage sie, ob sie auch etwas in der Art grad fühlt.
Da sagt sie:

Ab heut' bin ich brav!
(Bin jetzt ich das Schaf?)
Ab heut' bin ich brav, brav!
Braver geht's nicht mehr!

Ab heut' bin ich brav!
(sie raubt mir den Schlaf!)
Ab heut' bin ich brav, brav!
Braver geht's nicht mehr!

Das Fliegen war auch schon einmal lustiger. Macht heute wohl nur noch den Vögeln und den Piloten Spaß (oder den Piloten das V... – lassen wir das!). Wenn man so eingequetscht in der Economy Class sitzt, neben sich einen Hundertzwanzigkilomann, der kurz vorher ein Leberkäsesemmerl mit Knoblauch gegessen hat und auf der anderen Seite jemanden mit einem heftigen Schnupfen, dann wünscht man sich, man wäre zu Fuß gegangen. Und genau in diesem Augenblick, dem Moment der Wut und Verzweiflung, wenn man denkt, es könne nicht mehr schlimmer kommen, da knallt die fette Alte vor dir den Sessel in die Waagerechte und deine Kniescheiben projizieren dir die Königin der Nacht im dreigestrichenen C mitten ins Schmerzzentrum deines Gehirns.

Aber es gibt ja die „Knee Defender" (die mittlerweile teilweise schon verboten wurden). Die verhindern das Zurückklappen der Sitze und fördern die zwischenmenschliche Kommunikation sitzreihenübergreifend. Kleinere Gemetzel, selbst mit angebrochenen Nasen und abgebrochenen Flügen, gab es da schon, so hört und liest man.

Ein anderer Quell steter Freude beim Fliegen sind die Verspätungen. Nun ist die EU da recht streng. Bei Verspätungen von drei Stunden oder mehr werden Entschädigungszahlungen der Fluglinie an die Passagiere fällig. Da hier das Öffnen der Kabinentür der entscheidende Moment für den Ankunftszeitpunkt ist, warte ich nur darauf, dass mal ein Pilot die schon im Landeanflug aufmachen lässt, wenn es knapp wird mit den drei Stunden.

Falco hat zwar ein Lied über das Fliegen geschrieben (*„Maschine brennt"*), aber ich habe mir hier doch seinen ersten großen Hit, den *„Kommissar"*, vorgenommen und malträtiert.

Air Sardin

Two, three, four
Eins, zwei, drei
Es ist zwar einerlei,
ob ich euch erzähl den Mist.
A mir is's wurscht,
ob ihr das lesen tut.
Es ist so wie es ist! Ja!

Vor kurzem erst
da fliege ich, ja herst
mal mit der Air Sardin'.
Beim Einstieg schon
da werde ich sediert.
Damit ich ruhiger bin.

Nach kurzer Zeit
ist's still an Bord.
Man fliegt grad weg von Wien.
Da schläft auch schon
jeder Passagier
in der Kabine drin.

Vor mir da sitzt a Dicke.
Doch auch diese Zicke
ja, sie schnarcht schon wie ein Pferd.
Ihre Rückenlehne,
die lässt sie aufgestellt.
So wie sich das gehört!

Lahn' di net zruck ... ohoho!
Damit i net auszuck' ... ohoho!
Doch ka Gefahr da in da Air Sardin',
sind's high von Wien bis Berlin.
A Fall für Thiopental!

Der Flieger ist zu spät.
Wo's um die Kohle geht,
da kennt die Airline kein Pardon!
Denn ab Stunde drei,
da kriegst du Geld wie Heu.
Die Passagiere wissen's schon.

Zwa-ochtafufzg!
Naja das geht si aus.
Der Herr Pilot fährt's Fahrwerk raus.
Und de Stewardess
meint lächelnd kess:
„Tür ist offen, wer will darf raus!"

Dass die Landebahn,
noch kaum sie ist in Sicht,
das stört die Airline nicht.
Wichtig ist jetzt nur,
de Tür is nimma zua:
Keine Rückerstattungspflicht!

Jetzt das Airlinelied:

Reg' di net auf ... ohoho!
Wir setzen eh glei auf ... ohoho!
Pünktlich ist sie uns're Air Sardin'
zwischen Wien und Berlin.

Reg' di net auf ... ohoho!
Du zahlst bei uns jetzt kräftig drauf ... ojojo!
Für jedes Kilogramm an Handgepäck
gehn dreiavierzg Euro weg.

Hahahahahaha!

Weil wir grad beim Übergepäck und Übergewicht waren – da fällt mir jetzt etwas dazu ein. In Afrika hungern sie. Da ist keiner dick. Darum gewinnen die auch immer die Goldmedaillen bei den Mittel- und Langstreckenläufern.

Vielleicht war das nicht der Grund, warum Toto in ihrem Hit "*Africa*" darüber sangen, aber der Samen der Adipositas (habe ich bereits erwähnt, dass ich Fremdwörter mag?) ist nun einmal in meinem Hirn gepflanzt und treibt jetzt im dialektischen Wildwuchs aus. Wobei „dialektisch" jetzt etwas anderes bedeutet. Ich verlasse mich aber darauf, dass das eh keiner weiß, der dieses Buch liest. Ich rechne fest damit, dass Leute, die dieses Buch lesen, mit Philosophie nichts am Hut haben. Kurz gesagt, der Text ist stellenweise in der Mundart.

Blad fia zwa

I geh ins Freibod, es war haass.
bin net da Anzige, da san an Haufen Lei-hei-hei-heit!
Ma siagt vü Haut, I find des klass.
An Mann mocht des normalerweis a große Frei-hei-hei-heid.
Doch leider san net olle schlank.
I glaub deswegn fülln de des Becken a nia ganz zum Ra-ha-ha-hand.
Da drübm sitzt ana auf da Bank.
Vo vorn siagst da ka Bodehosn mehr!

I kann net wegschaun, I bin fasziniert!
Wia man an Bauch auf diese Größe biert!
I untertreib jetzt, der is blad fia zwa!
Mein Appetit ist weg, I drah mi schaudernd um ...

Mir is jetzt warm, I muass mi kühn.
I moch mi auf dem Weg zum Sprungturm, rauf zum Zeh-he-he-he-na.
I kletter rauf mit Sonnenbrün.
Se weichen zruck, de wern mi ke-he-he-he-henna!
I geh nach vorn, mach mi bereit.
Los geht's ab nach u-hu-hu-hunten!

Da schreit a Frau: "Geht's weg im Wossa!
Weu vo do oben springt jetzt a Grossa!
Und des wird gfährlich, der is blad fia zwa!
Und wenn er einschlogt is des Becken sicher la-ha-ha-har!

Hot de jetzt mi gmant, na I glaub, I spinn!
Wo doch so schlank und austrainiert ich bin!
De sogt doch glott, ich wäre blad fia zwa!
Warum sogt die, ich wäre blad fia zwa!
I war doch immer schlank, nie blad fia zwa!
Die is net sche und schasaugad is a!
Und neben ihr locht nu ihr Hawara!

Und wenn i zuaschlog is a Ruah ihr zwa!

Am 6. September 2014 saßen wir bei einer Hochzeitstafel. Ich hatte dort die Hochzeit fotografiert. Naja, eigentlich eher die Leute auf der Hochzeit, aber man sagt halt „eine Hochzeit knipsen". Es war meine erste. Hochzeit, nicht Frau. Nein, stimmt auch nicht, also nicht meine erste Hochzeit, sondern die erste, die ich fotografiert hatte. Ihr wisst, was ich meine!

Und irgendwie dachte ich just in dem Moment, als nach größtenteils getaner Arbeit die Hochzeitsband „*Purple Rain*" von Prince zum Besten gab, daran, dass ja eine Woche darauf das österreichische Unikat Richard „Mörtl" Lugner seine 23. (oder so) Hochzeit in Wien groß feiern würde. Mit seiner Bambi-Mausi-Häschen-Spatzi oder wie auch immer. Ich schwafle schon wieder, ich weiß. Egal! Also die spielen im feinsten Innviertlermix „*Purple Rain*" und ich fang an zu lachen, dass es natürlich unvermeidlich ist, dass man mich fragt: „Was hast du denn?"

Mir war in diesem Augenblick gerade das nächste Lied eingefallen. Statt lila Regen eben fließende Tränen.

Mörtl flennt

Die drei davor sind längst vergessen.
Auch wenn er für sie jetzt noch brennt.
Auf's Spatzi ist er jetzt versessen.
Er ist jetzt ganz gerührt, ja unser Mörtl flennt.

Mörtl flennt, Möhörtel flennt.
Mörtl flennt, Möhörtel flennt.
Mörtl flennt, Möhörtel flennt.
De Hochzeit ist romantisch, und der gute Mörtl flennt.

Nach der Hochzeit geht's ins Zimmer.
Denn sie schlafen nicht getrennt.
Drei Stund' später wart's noch immer.
Doch umsonst, denn leider zeigt sich: Mörtel pennt.

Mörtl pennt, Möhörtel pennt.
Mörtl pennt, Möhörtel pennt.
Mörtl pennt, Möhörtel pennt.
Leider heut kein Sex mehr, denn der gute Mörtl pennt!

Gut zwei Jahre sind vergangen.
Mörtl nimmt die dritten Zähnd'.
Spatzi hatte ein Verlangen.
Nach einem jungen Mann, und unser guter Mörtl brennt.

Mörtl brennt, Möhörtel brennt.
Mörtl brennt, Möhörtel brennt.
Mörtl brennt, Möhörtel brennt.
An Hauf'n Alimente sind's, die unser Mörtl brennt.

Mörtl brennt, Möhörtel brennt.
Mörtl brennt, Möhörtel brennt.
Mörtl brennt, Möhörtel brennt.
Wie heißt sie wohl die nächste, für die unser Mörtl brennt?

Ebenfalls bei dieser Hochzeit entstand die Idee, auch mal ein einfühlsames Liebeslied zu texten. Bei einem Viertel Weiß. Da kam dann nur Kurt Ostbahn in Frage, zumal die Band grad *Feuer* von ihm spielte. Das Lachen habe ich mir da verkniffen, Liebeslieder sind tödlich ernst. Da lacht man nicht, sonst schauen einen die Damen böse an. Ich mag es aber lieber, wenn sie mich ganz verklärt und sehnsüchtig ansehen.

Das Lied ist übrigens nicht autobiografisch. Und wenn es so wäre, dann würde ich es abstreiten. Vehement! Und überhaupt, ich streite alles ab, sogar dass ich etwas abstreite!

Wie es sich für den Kurti nazionale gehört, muss man das natürlich im Wiener Dialekt schreiben. Dass ich ein paar Jahre in Wien gelebt hatte, half hier hoffentlich. Oida! Dieses Lied in Hochsprache zu texten wäre ein unentschuldbarer Affront (wieder ein Fremdwort untergebracht) gegen dieses Genie (und das meine ich wirklich so – Ostbahn rocks!) gewesen. Also stellt es euch einfach im Wiener Slang vor, bitte!

Falls jemand den Ausdruck „Keine Eier haben" nicht kennen sollte: Es bedeutet, dass man mutlos ist und nicht, dass Tante Emma um die Ecke schon ihre Pforten geschlossen hatte (Wehe, ihr versteht das jetzt falsch!)

Eier

Sechzehn Jahr, de Schui fangt aun.
I geh schüchtern in de Klass.
Siag den Hosn, denk ma "Wow!"
Jessas, is de Oide haass!
Sitz' di zuwe sei net feig!
Oba i waass des pock i net.

Weu I hob kaaaane Eier!

A paar Jahr drauf da hot's dann kloppt.
Mir san wia ma sogt a Paar.
Wa hoit Zeit dass ma moi poppt,
Oba I siag do a Gefahr:
Wos waunn I im Bett a Nuss bin?
Dann is des Madl wieder weg.

Mensch I hob kaaane Eier!

Jetzt steh ma do vor dem Altar.
Und da Pfarrer schaut zu mir.
Irgendwie is des net wahr.
Bitte gebt's ma schnö a Bier.
Er frogt mi ob i sie wü.
Und I hob' a komisch Gfüh.

Wia sogt ma "Jo" - oooohne Eier!

Zwanzg Jahr späda und i koch.
Sie is mit da Freindin fort.
Besser i denk do net noch.
Weu de Freindin hot an Bart.
Oiso back i hoit an Kuchen.
Und do merk i auf amoi:

Jessas mir föhn deeeeee Eier.
Ka Kuchen ohne Eier.
Oh, au weia.
Des geht auf kan Foi ohne Eier.

So viele Lieder! Da braucht man irgendwann eine prosaische Erholungsphase. Aber natürlich mit einem thematisch korrekten Übergang, bitte sehr!

Nun denn!

Intermezzo – Warum lief das Huhn über die Straße?

Eier. Wer legt die Eier?

Richtig, das machen die Hühner. Hühner sind überhaupt ein sehr interessantes Thema. Man kann die gesamte Philosophiegeschichte und auch Politikgeschichte, Sporthistorie und vieles mehr in der einfachen Frage konzentrieren, welche lautet:

Warum lief das Huhn über die Straße?

Ihr glaubt mir nicht? Lest die Antworten auf diese Frage! Viele sind von mir, aber auch meine Freunde (allen voran Ulrich Gruber) haben sich an dieser Diskussion zahlreich beteiligt. Stellen wir uns einfach vor, alle der folgend genannten historischen und aktuellen Personen säßen an einem großen Tisch und würden sich darüber unterhalten. Wie könnte das ablaufen?

Der große **Buddha** hätte darauf vielleicht geantwortet: *„Wenn du dir diese Frage stellst, zeigt das, dass du deine Hühnernatur verleugnest!"*. Darauf würde **Martin Luther King** wohl antworten: *„It had a dream!"*,nur um sofort von **Karl Marx** korrigiert zu werden: *„Es war eine historische Unvermeidlichkeit!"*, worin sich auch schon die Berührungspunkte der Rassengleichheitsbewegung von 1964 mit der kommunistischen Idee des ausgehenden 19. Jahrhunderts zeigen. Buddha würde es gleichgültig hinnehmen, wie auch Häuptling **Sitting Bull**: *„Es war ein guter Tag zum Sterben für das Huhn."* Und **Friedrich Engels** ergänzt Marx noch: *„Wenn auf dieser Seite der Straße der Wert eines Huhns geringer ist als auf der anderen, muss der Mehrwert aus dem Transfer des Huhns auf jedem Fall dem Proletariat zugutekommen!"*

Was wiederum **James T. Kirk** von der Enterprise sofort veranlassen würde zu kontern: *„To boldly go where no chicken has gone before!"* „Blödsinn!", wirft da **Niki Lauda** ein, *„Das Huhn hatte es einfach satt, blöd im Kreis herumzulaufen!"* Ein Räuspern und alle Blicke wenden sich **Toni Polster** zu, der Niki Lauda unterstützt: *„Ja, das stimmt!"*.

Die Erklärung **Albert Einsteins** ist da in seiner typisch ironischen und doch einleuchtenden Weise ein Schock für alle Anwesenden: *„Ich glaube, es gibt zwei Dinge, die unendlich sind. Das Universum und die Dummheit eines Huhns. Beim Universum müssen wir das erst noch beweisen. Aber das Huhn kann in Wahrheit gar nicht wissen, ob es über die Straße geht oder die Straße unter ihm vorbeigleitet."* Was keiner sofort begreift – außer Österreichs ehemaligem Minister **Hubert Gorbach**, der in perfektem Englisch meint: *„Rightly. The world on this side of the street is to small for me!"*, was **Reinhold Messner** verleitet, ihn zu korrigieren: *„Das Huhn geht über die Straße, weil sie da ist!"*. Unser ehemaliger Bundeskanzler **Fred Sinowatz** stöhnt laut auf: *„Das ist alles so kompliziert!"*

Immanuel Kant sieht das etwas transzendenter: *„Das Huhn kennt zwei Kategorien der Möglichkeiten der Erwartung – auf dieser Seite zu bleiben oder auf die andere zu transzendieren ..."* und wird von **Samuel Beckett** unterbrochen: *„Es hatte es einfach satt zu warten!"*. Das kann der Macher **John F. Kennedy** so nicht akzeptieren: *„It choosed to go to the other side of the street in this decade and do the other things, not because they are easy, button because they are hard!"*

Neben Einstein sitzt der Physiknobelpreisträger **Richard Feynman**. Er war immer schon ein Zyniker und meinte nur: *„Surely it was joking!"*, was **Galileo Galilei** zu einem Aufschrei verleitet: *„Und es bewegt sich doch!"*. **Friedrich Schiller** fasst das natürlich in einen Vers: *„Es denkt das Huhn auf seinem Gang / Der Wahn ist kurz, die Reu' ist lang!"*. Doch gegen die Übermacht der Physiker kann er im Moment nichts ausrichten, zumal auch **Erwin Schrödinger** sich jetzt dazu äußert: *„Es war in einem überlagerten Zustand auf beiden Seiten der Straße gleichermaßen, erst durch unsere Beobachtung legten wir fest, auf welcher!"* **Ernst Mach** nonchalant: *„Haben's schon eines gesehen?"*

Da kommt Hilfe von unerwarteter Seite. Der Fürst der Dichtkunst selbst, **William Shakespeare** hilft Schiller und verblüfft alle, die das Huhn als gegeben ansahen, indem er feststellt: *„Es war die Nachtigall und nicht das Huhn!"*. Das ruft die **Beatles** auf den Plan: *„It is a long and winding road, so let it be!"* Auf die Variante von **Thomas Mann** muss ich hier aus

Platzgründen verzichten. Aber Mick Jagger von den Rolling Stones singt seine Erklärung: *„It could get no satisfaction at this side of the road."*

Der niederösterreichische Langzeitkaiser **Erwin Pröll** fühlt sich durch das Huhn in seiner Abschottungspolitik bestätigt: *„Das Huhn beweist: Ein Tunnel unter der Straße ist nicht nötig!"* **George W. Bush** findet andere Gründe: *„Das Huhn hatte konkrete Hinweise auf Massenvernichtungswaffen auf der anderen Straßenseite."* **Maggy Thatcher** meint dazu nur: *„I want my eggs back!"* und **Leopold Figl** geht auf den Balkon neben der Straße und ruft: *„Die Straße ist frei!"* **Bill Clinton** fühlt sich unschuldig und meint: *„I did not have sexual relationships on that side of the street!"*

Neil Armstrong aber schießt huhntechnisch den Vogel ab: *„It is a small step for a chicken, but a giant leap for henkind!"*, was **Barrack Obama** mit einem *„Yes, we hen!"* ergänzt. Und **Marc Aurel** sagt dazu der Würde eines römischen Kaisers und Philosophen entsprechend: *„Unsere Straßenseite ist die, zu der unser Denken sie macht!"*, was **Jean Paul Satre** auf den Plan ruft: *„In der Überzeugung der Notwendigkeit und im guten Glauben war es für das Huhn notwendig, die Straße zu überqueren!"*, womit aber **Charles Darwin** nicht einverstanden zu sein scheint: *„It was the logical next step in evolution after coming down from the tree."* Das provoziert natürlich Kardinal **Christoph Schönborn**: *„Der Hühnerwanderung liegt Gottes Plan zugrunde, ein Intelligent Transfer, wenn Sie so wollen!"*

Wer wirklich etwas über Philosophie lernen und ihre Untiefen meiden will, sollte sich Fussballer zur Brust nehmen, zum Beispiel den ehemaligen deutschen Teamspieler **Andi Möller**: *„Es hatte vorn Feeling her ein gutes Gefühl dabei!"*. Jetzt werden die Fussballer alle wach, **Thomas Müller** antwortet auf die Frage, warum die andere Seite das Huhn so reizt: *„Die Lust hierzubleiben oder rüberzugehen – es überwiegt eigentlich beides!"*. **Uli Huhness** meldet sich aus dem Gefängnis: *„Was glaubt das Huhn eigentlich, wer es ist?"* Da darf auch **Lothar Matthäus** nicht fehlen: *„Das Huhn hatte es satt, den Sand in den Kopf zu stecken!"* und **Goivanni Trapattoni** gibt ihm recht: *„Es hatte mit dieser Seite fertig!"*, worauf **Oliver Kahn** meint: *„Wir brauchen Eier!"*

Der Sportreporter **Werner Hansch** kann nicht aus seiner Haut: *„Nein liebe Zuschauer, das ist keine Zeitlupe, es läuft wirklich so langsam!"*. **Jens Jeremis**, ebenfalls deutscher Nationalspieler früherer Jahre, interessiert das Huhn nicht: *„Das ist Schnee von morgen."* Nur **Rudi Völler** hat es vollkommen durchschaut: *„Zu 50% ist es drüben, aber das ist noch lange nicht die halbe Miete!"*. **Paul Breitner** erinnert das an seine aktive Karriere: *„Die anderen Hühner haben die Hose voll, aber bei dem Huhn läuft es recht flüssig."* Aber auch englische Fussballstars nehmen dazu Stellung, wie **Paul Gascoigne**: *„Ich mache nie Voraussagen und werde das auch niemals tun!"* Und abschließend noch **Thomas Hässler**: *„Das Huhn ist körperlich und physisch einfach topfit!"* und natürlich abschließend **Karl-Heinz Rummenigge**: *„Das war nicht ganz unrisikovoll."*

Das waren jetzt viele Fussballer, aber noch viel mehr habe ich euch unterschlagen, damit das Ganze nicht zu philosophisch wird. Dafür sorgt auch **Karl-Heinz Grasser** gerne, unser ehemaliger Finanzminister: *„Das Huhn ist einfach zu schön, reich, jung und intelligent für diese Straßenseite!"*, was seine Frau **Fiona** mit viel tieferer Stimme ergänzt: *„Auf der anderen Straßenseite war auch ein Huhn, weiß mit Möpsen drauf!"*

Karl Marx hätten wir fast vergessen. Was sonst als *„Hühner aller Straßenseiten vereinigt euch!"* könnte er sagen, und **Monty Python** singen dazu: *„Always look at the bright side of the street!"* Aber wir haben auch jemanden, der singen kann, unseren **Woiferl Ambros**: *„Gestern geh' i überd Strossn Richtung Favoriten / da kimmt a Auto und dafiat mi auf da Strossnmittn."* Dunkelgrau sind seine Lieder, außer das folgende von **Ludwig Hirsch**: *„Geh, kleiner, weißer Vogel!"*

Hatten wir schon Weltliteratur? **Wilhelm Tell** etwa? *„Auf diese hohle Gasse muss es scheißen."* Da darf auch **George Orwell** nicht fehlen: *„All roads are crossable by all chicken, but some roads are more crossable than others."*, worauf das Ei des **Christoph Columbus** umdreht und gackert: *„Es gibt sicher einen Seeweg auf die andere Seite der Straße."* Wenn wir schon bei historischen Personen sind, darf auch **Julius Cäsar** nicht fehlen: *„Was nennen sie diese Straße auch Rubikon?"*, und **Nero** sieht die wahren Gründe darin, dass *„die Christen den Stall auf seiner Straßenseite angezündet hätten."*

Die **Wiener Grünen** führen hingegen sofort auf der anderen Straßenseite auch ein Parkpickerl ein, weil sie befürchten, alle Hühner könnten dahin ausweichen. **Karl der V** sieht das pragmatischer: *„In unserem Hühnerstall geht die Sonne nie unter!"*, worauf der Wiener Bürgermeister **Michael Häupl** den Kopf vom Tisch hochnimmt: *„"Ham's drüben scho aus'steckt?"* **Edith Klinger** ist nahe dran, ihr schönes Dirndl mit Tränen zu benetzen: *„Bitte, bitte, wer hat drüben ein schönes Platzerl für das arme, arme Henderl?"* Am **FPÖ Wahlplakat** liest man: *„Das Huhn kann hier bleiben, solange es sich anpasst und Schweinefleisch frisst."*

William Shakespeare muss das Geschehen natürlich in seinem Drama „Hahnlet" in Verse fassen: *„Gehn oder nicht gehn, das ist hier die Frage. Ob's edler im Gemüt, die Pfeil' und Schleudern des wütenden Geschicks erdulden oder, sich waffnend gegen eine See von Plagen, den Übergang zu wagen?"* und **Heinrich III** befiehlt: *„Köpfet dieses untreue Huhn!"*. Da will **Friedrich Schiller** nicht mit seiner Meinung hintanhalten und ruft: *„Das Huhn hat seine Schuldigkeit getan, das Huhn kann gehen."*

„Ich bin froh, dass dieses linkslinke Huhn unsere Straßenseite verlassen hat!", meint **HC Strache** im Wahlkampf! Und **Lou Reed** trällert dazu: *„Chick, take a walk on the wild side!"*, worauf diesem aufrüttelnden Song **C. G. Jung** sofort sein beruhigendes Statement entgegenwirken lässt: *„Das Zusammenwirken gewisser Ereignisse im kulturellen Umfeld (in der Gestalt) nötigt bestimmte Hühner dazu, in diesem historischen Kontext Straßen zu überqueren, was gleichzeitig dazu führt, dass solche Vorkommnisse ins Sein rücken."* Nicht für **Pink Floyd**: *„All in all it's just / another chick on the road."* Und **Peter Maffay** sieht überhaupt eine direkte, sich aus der Notwendigkeit des Lebens ergebende Verpflichtung für das Huhn: *„Über sieben Straßen musst du geh'n!"*. Nur **Klaus** hat die **Lage** begriffen: *„Tausend mal probiert, tausendmal is nix passiert. Tausend und einen Try, und jetzt ist es vorbei."*

Als Physiker (sagte ich schon, dass ich Physiker bin?) kann man natürlich nicht umhin, auch **Werner Heisenberg** sprechen zu lassen, wobei natürlich erst das Zuhören sein Sprechen definiert: *„Man kann unmöglich sagen, auf welcher Seite sich das Huhn befindet, aber es bewegt sich schnell."* Und **Max Planck** ergänzt: *„Es geht nicht über die Straße, seine Straßenseitenzustandsquantenzahl muss sich sprunghaft ändern."*

Skispringer und Co-Moderator **Andreas Goldberger** bringt das Bemühen des Huhns um diesen Sprung auf den Punkt: *„Des Hendl hot si gewaaaaltig vorn ausselossn, sooo nimmst Geschwindigkeit mit!"* **Johannes Keppler** sinniert, rechnet und kommt zum Ergebnis: *„Die Füße des Huhns überstreifen in gleichen Zeiten gleiche Flächen."*

Armin Assinger hört schon die Komantschen mit den Hühnerfedern im Haar pfeifen: *„Bist du deppert, rennt des Hendl über die Strossn, wie a g'sengte Sau!"* Damit zurück zur Musik. Kennt ihr **Lucilectric** oder bin ich der einzige Opa hier? *„Weil ich ein Hühnchen bin, weil ich ein Hü-Hü-Hü-Hühnchen bin! Komm doch mal rüber kleines Huhn auf meine Seite lass dich zieh'n! Weil ich ein Hü-Hü-Hü-Hühnchen bin!"* In Bochum würde **Herbert Grönemeyer** dazu sagen: *„Je eher, je eher du gehst, umso leichter umso leichter wird's für mich!"*

Wären es drei Hühner, dann wäre es überhaupt ganz anders: *"Pass auf, da kommt ein Auto!"* - Patsch - *"Wo?"* - Patsch - *"Da!"* – Patsch.

Die Politik mischt sich auch wieder ein, es ist bald Wahlzeit: Die **SPÖ** nimmt das Problem des Huhns daher in ihr Wahlprogramm auf: *„Um die Arbeitszeit der Hühner auf ein gerechtes Maß zu verkürzen, sind die Straßen um 1m zu verengen!"* Und **Stefan Petzner** weint braungebrannte Tränen: *„Mein Lebenshuhn ist von mir gegangen."* Der **Lehrergewerkschafter** sieht die Pflichterfüllung an erster Stelle: *„Das Huhn hat sich zur Gehsteigkante hin bewegt. Mehr kann man von dem Huhn nicht verlangen. Man kann unmöglich von einem Huhn verlangen, noch mehr Zeit auf der Straße zu stehen!"* Das fordert eine energische Reaktion des **ÖVP Wirtschaftsbundes** heraus: *„Wir sind für eine hu(h)ndertprozentige Privatisierung der Straßen. Die Hühnerschutzwege müssen nach privatwirtschaftlichen Gesichtspunkten bewirtschaftet werden und dürfen den Gütertransport keineswegs negativ beeinflussen!"*

Im **Iran** und **Saudi Arabien** gelten da andere Gesetze: *„Bei uns im Iran müssen Hühner verschleiert sein und dürfen nur im Gefolge ihres Hahns die Straße queren! Israelische Hühner sind zu überfahren. Allan no gackan!"* Ähnlich geht es in **Österreichs Fotografeninnung** zu: *„Nur Meisterhühner dürfen Bundesstraßen überqueren, für die Pressehühner sind Feldwege ein ausreichendes Betätigungsfeld."*

Wisst ihr, was Dialektik ist? Der allwissende Geschichtsphilosoph **Hegel** hat sie begründet. Therese und Antitherese oder so. *„Das Huhn überquert die Straße, vereinigt sich mit einem Antihuhn, beide sterben und das Ei wird zum neuen Huhn."* Ich bin mir ganz sicher, diese Zeilen waren es, die **Bob Dylan** zu seiner philosophischen Betrachtung unter dem Titel *„How many roads must one chicken cross?"* veranlasst haben. Und **Friedrich Nietzsche** subsummierte es dann in zwei Sätzen: *„Das Huhn ist tot."* sowie *„Wenn du zur Henne gehst, vergiss die Eier nicht!"*. Er baute dabei auf **René Descartes** auf und seinem berühmten Satz: *„Das Huhn geht, also ist es!"* Wie die Philosophie in einigen tausend Jahren sein wird, weiß wer Star Wars kennt. **Yoda** würde nämlich sagen: *„Mein Padahuhn, über die Straße gehen ich dich lehren werde."* **Jabba the Hut** hingegen mit tiefer Stimme eher: *„HAHN, my boy, you're the best smuggler I ever hired! Cross the road and You'll get an extra twenty percent."* **Jar Jar Binks** schlackert mit seinen Ohren und ergänzt: *„Michse nicht wissen, michse denken diese Straßenseite auch ganz gut!"* Und **Aberhatschi** aus dem Film „Der Schuh des Manitou" folgert: *„Das hat's jetzt von seiner Raserei!"* Fehlt noch **Immanuel Kant**: *„Die Straße ist nur eine Projektion des Geistes des Huhns, ihre Überquerung offenbart die Kategorien der Möglichkeiten desselben."*

Apropos Science Fiction. *„Beam mich rüber, Scotty!"* meint das Huhn. **Scotty** würde dem Huhn helfen. *„Aye, aye Hendl, und wenn ich aussteigen und schieben muss!"*, worauf **Pille McCoy** lakonisch feststellt: *„Das Huhn ist tot, Jim."*

Aus der Zukunft zurück ins alte Rom. Senator Cato, der immer eindringlich warnende, würde jede Rede beschließen mit: *„Et ceterum censeo viam esse transitam!"* Er kannte ja die **Bibel** noch nicht, dort steht geschrieben: *„Die letzten Hühner werden zuerst überfahren!"*, was die Zeitung **BILD** zur Schlagzeile veranlasst: *„Arbeitsloses, ausländisches, rasendes Huhn rammt deutsches Auto!"* Das wurmt **Bertolt Brecht**: *„Nur harmlose Hühner überqueren eine Straße. Burgoise Ausbeuterhühner bauen eine Straße."* Da rennt er bei **Vladimir Iljitsch Lenin** offene Türen ein: *„Es ist die Pflicht einer Elite denkender Hühner, dafür zu sorgen, dass sich die Masse der Hühner zur Revolution erhebt und die führende Schicht der Straßen in den kollektiven Besitz übergeht, auf dass in Zukunft jedes Huhn die gleiche Chance hat, überfahren zu werden. Die Straße der*

Freiheit ist rot vom Blut der Arbeiterklassehühner!" **Josef Stalin** führt den Gedanken fort und zu Ende: *„Erschießt alle Hühner, die nicht überfahren wurden. Sie wussten, wie man die Straße überquert, und damit wussten sie zu viel."* Das findet **Forrest Gump** nicht: *„Dumm ist ein Huhn, das Dummes tut."*

Der schwule Berliner Bürgermeister **Klaus Wowereit**: *„Ich fühlte mich eh schon so allein am anderen Ufer."* Die **Gebrüder Grimm** meinen dazu: *„Das Huhn zog aus, um auf der anderen Seite das Fürchten zu lernen und markierte den Weg mit Brotkrümeln."* Und **Verona Feldbusch** piepst dazu: *„Auf der anderen Seite wird Sie geholfen, liebe Ente!"* **Henry Ford** meint zum Thema Helfen aber: *„Wenn ich die Menschen gefragt hätte, was sie wollen, hätten sie gesagt, schnellere Hühner."*

Hier ist es nun an der Zeit, unser germanisches Kulturgut in Form eines jahrtausendealten Schüttelreims zu strapazieren:

*Den   Mord   am   Siegfried   übt   die   Brunhild
Am Federvieh bis dass das Huhn brüllt.*

Hans Krankl hielt sich lang zurück, doch jetzt verschafft er sich Gehör: *„Huach zua! Das Hendl muass ume, ollas andere ist primär!"* **Donald Trump** ist gegen illegale Straßenüberquerungen: *„Meine Großeltern sind nicht von jenseits der Straße eingewandert, damit uns jetzt Immigranten überfluten!"* Da mahnt ihn **Abraham Lincoln** streng: *„Wer anderen die Freiheit verweigert, die Straße zu überqueren, verdient sie nicht für sich selbst."* Die Situation wird aber sofort von einem hochphilosophischen Ausbruch von **DJ Ötzi** entschärft: *„I bin des Hendl von Tirol / weiß nicht was ich da auf der andern Seite soll!"* und **Elvis Presley** stimmt in den Gesang ein: *„You ain't nothin' but a Huhndog."* Und **Xavier Naidoo** schmilzt sein *„Dieser Weg wird kein leichter sein."* dazu. Auch **Freddy Mercury** singt mit: *„Don't stop it now! It's having such a good time!"*

Laut **Epikur** sind die Gründe, warum das Huhn über die Straße läuft einfach: *„Zum Spaß!"* Das sieht Kanzler **Werner Faymann** anders: *„Unsere Regierungslinie dazu ist ganz eindeutig: Wenn das Huhn rüber will, soll es das auch dürfen, außer es sprechen Gründe dagegen. Da sind wir uns einig, wobei wir da mit dem Koalitionspartner noch Punkte zu* *klären haben. Auf jeden Fall ist das kein Punkt, an dem die Koalition zerbrechen wird, außer wir werden uns nicht einig."*

Schlimm würde es werden, wenn ein Ingenieur, ein Physiker, ein Mathematiker und eine Volksschullehrerin darüber diskutierten:

Ingenieur: *„Hühner überqueren Straßen."*

Physiker: *„Falsch. Mindestens ein Huhn überquert mindestens eine Straße."*

Mathematiker: *„Definiere ,Huhn' und ,Straße'!"*

Volksschullehrerin: *„Wenn auf dieser Seite zwei Hühner stehen und drei Hühner über die Straße gehen, muss eines zurückkommen, damit keines hier ist!"*

Alice Schwarzer findet: *„Mir ist wichtig festzustellen, dass das Huhn das aus eigenem Antrieb macht und nicht auf Geheiß eines Hahnes!"* **Arnold Schwarzenegger** ist das zu hoch: *„Hasta la vista, Hendl!"* **Dieter Bohlen** hat daraufhin einen Geistesblitz, der er wie von ihm gewohnt subtil und gewählt artikuliert: *„Scheiß drauf ob das Arsch-Hendl singen kann, aus dem Kerl mach ich nen Star!"* **Queen Elisabeth II** zeigt sich irritiert: *„I am not amused!"* **Bülent Ceylan** ist sich dabei sicher: *„Wenn das ein türkisches Huhn ist, dann kommt dahinter gleich der Bruder mit dem Messer gelaufen. Da greift man dem Huhn besser nicht an die Eier!"* **Kaiser Robert Heinrich I** findet da nur: *„Das Hendl muss jetzt auch amol a bissl brav sein!"*

Da fährt **Alexander Wurz** vorbei: *„Mit so einem Huhn auf dem Reifen verlierst Du für ein paar Kurven jede Menge Bodenhaftung."* **Uwe Scheuch** rechtfertigt das Huhn: *„Das ist halt part of the game!"*, worauf **Willie Nelson** die Gitarre nimmt und *„On the road again"* anstimmt und **Roger Miller** dazu singt: *„I'm a chick of means, by no means - King of the road"*. **Heinz Rühmann** findet: *„"Ich brech die Herzen, der stolzesten Henn'. Weil ich so stürmisch und so leidenschaftlich bin. Ich brauch nur über die Straße zu gehn. Und schon bin ich hin!"*

Louis XIV bringt das Vorhaben auf den Punkt: *„Le coq, c'est moi!"* Da fällt **Felix Baumgartner** über die Straße und schreit noch, als er überfahren seine Seele in die Stratosphäre schickt: *„I'm coming home!"* **Jack**

Nicholson erinnert sich an „Eine Frage der Ehre" und grummelt: *„You want the truth? You can't HENDLE the truth!"* und **Humphrey Bogart** schaut dem Huhn tief in die Augen: *„Cross it again, hen!"* Wenn wir schon beim Film sind, darf **Götz George** alias **Kommissar Schimansky** nicht fehlen: *„Scheiße Huhn, kannst Du diese beschissene Straße nicht scheißschnell überfliegen und mir aus dem Scheiß Weg gehen?"* und **Dolly Buster** meint lispelnd: *„Scho ein Huhn kommt schelten alleine!"*

Auch in Österreich gibt es Dichter. **Johann Nepomuk Nestroy** würde schreiben: *„Das Huhn geht auf kan Fall mehr lang!"* „Doch", sagt **Vergil**, *„das Huhn findet seinen Weg."* Und **Friedrich Torbergs** Tante Jolesch ergänzt: *„Die geht weil sie weiß: Alles, was a Hahn schöner ist als a Mann, is a Luxus!"*

Zurück zum Sport, zum Tennis um genau zu sein. **Huhn McEnroe** über **Ivan Hendl**: *"Ich hab' mehr Talent in einer Flugfeder als der in der ganzen Keule!"*

Religionsgeschichte kam noch wenig vor. **Martin Luther** bei seiner Vernehmung zu Kaiser Karl: *"Hier geht das Huhn, es kann nicht anders!"*

Von der Religionsgeschichte zur Zeitgeschichte ist es nur ein kleiner Schritt. **Leopold Figl** hatten wir zwar schon, aber er hätte auch noch was anderes gesagt, glaube ich, vor allem wenn es um russische Hühner geht: *"Jetzt nu des Rebhuhn, und daun sans waaach!"* So ähnlich musste es auch **Kaiser Huhnrich IV** vor etwa tausend Jahren gegangen sein: *„Komm liebes Huhn, lass uns gemeinsam nach Canossa gehen und diesen Gockel um Verzeihung bitten!"* Worauf **Attila der Huhnenkönig** meint: *„Auch Rom verschone ich nicht mit meinen Exkrementen!"* Und **Leonard CoHenn** sing dazu: *„Suzhenn takes You home, to her place near the street."* **Friedensreich Huhndertwasser** erklärt seine Philosophie auch gleich: *„Mein Streben: Mich vom universellen Bluff unserer Straßenseite zu befreien."* „Sehr richtig!" meinte **Friedrich Nietzsche**, *„Auch die Seele muss ihre bestimmten Kloaken haben, wohin sie ihren Huhnrat abfließen lässt."*

Dominic Hainzl sinniert: *„Daf Huhn wittert auf der anderen Ftrafenfeite feine groffe Schanze."* Aber da steht **Sido** und droht ihm unverhohlen:

„Komm rüber, du gelackter Gockel, damit ich dir den Schnabel polieren kann." **Heinz Erhardt** hingegen musste das einfach in ein Gedicht fassen:

Als das Huhn die Straße querte
war das leider die verkehrte.
Es dacht' „Oje, ein LKW!"
Dann war es Hühnerfrikassee.

Ein Originalzitat von **Kurt Tucholsky** darf hier natürlich nicht fehlen: "*Alle Tage Huhn im Topf und Gans im Bett - man kriegt es satt.*" Er hat sich 1935 umgebracht. Der **Industriemagnat** ist ein kluger Hahn und macht dem Schwein einen Vorschlag: "*Wir sollten eigentlich fusionieren. Du lieferst den Schinken, ich das Ei. Schinken mit Ei ist der Renner in jedem Restaurant. – Da gehe ich doch drauf!, gibt das Schwein zu bedenken. Der Hahn zeigt sich unbeeindruckt: Bei einer Fusion geht immer einer drauf!*" **Roland Düringer** ist geschockt: *„Des is jetzt oba neeeet woahr!"*

Arjen Robben, holländischer Fußballer beim FC Bayern von Uli Huhness sagt dazu: *„Det war eene Swalbe und niet een Huhn!"* Der ehemalige Nationalspieler **Jürgen Klinsmann** verbessert ihn sofort: *„Egal ob Huhn oder Schwalbe, Hauptsache ein Säugetier!"* **Armin Assinger** klärt uns über die Gründe des Huhns auf: *„Des Hendl hot anfoch Federn ghobt!"* Aber **Vladimir Putin** sieht das nur unter gewissen Umständen problematisch: *„Über die Straße ist ok. Über den Fluss nicht. Hühner vom anderen Ufer werden bei uns eingesperrt."* Und **Chiquita Wurst** quietscht damenbärtig dazu: *"For peace and freedom. It was unstoppable."* **Karin Nachbaur** (ehemals Team Stronach, dann ÖVP): *„Ganz egal, wo es hinläuft. Mit dem eingepflanzten Chip weiß Frank immer, wo es ist."* Der frühere **Gesundheitsminister Stöger** warnt: *„Wenn es glaubt, auf der anderen Seite kann es legal Gras konsumieren, täuscht es sich!"* Worauf Frauenministerin **Huhnisch-Hosek** darauf hinweist, dass „Huhn" kein korrekter Terminus sei: *„Schon während der Völkerwanderungszeit waren es HunnInnen und keine Hühner!"*

Erinnert ihr euch an die Fussball WM 2014 mit dem Moderatorduo Stöhr und Prohaska? **Bernhard Stöhr**: "*Herbert, waf fagen Fie zu der Tatfache, daff daf Huhn über die Straffe lief?*" **Herbert Prohaska**: "*Auf alle Fälle. Aber so ein Spiel dauert Huhndert Minuten und da kann alles passieren. Auch ein Huhn eine Straße.*" Stellt euch vor, **Jogi Löw** wäre Arnautovic's Trainer. Der schwäbische Softie wäre unseren Jungs leider nicht gewachsen: **Löw** zu Arnautovic: „*Bewegen Sie sich!*" **Arnautovic**: "*Mach' i dann daham sche rhythmisch mit meiner Frau, Wappler!*"

Weil wir gerade bei unseren Lieblingsnachbarn sind. **Alexander Dobrindt** (bayerisch-deutscher Verkehrsminister): „*Wenn das Huhn ein deutsches Huhn ist, bekommt es seine Eier auf der anderen Straßenseite zurück.*"

Der ungarische Premier **Viktor Orban** findet ja: „*Das Huhn ist ein deutsches Problem. Wir werden die Straße einfach einzäunen.*" Das gefällt **Otto Schily** gar nicht: „*Die Grenzen der Belastbarkeit durch Hühnerwanderung sind überschritten.*"

Aber was sagt das Huhn selbst zu alldem?

„*GEHT MIR NICHT AUF DIE EIER!*"

Puhhhhh, das war jetzt ein Crashkurs in Philosophie, Naturwissenschaft, Literatur, Politik und überhaupt in eh allem! Und das Lustige ist, dass ich ganz genau weiß, dass die meisten von euch nicht alles gelesen haben – macht aber nichts. Wissen ist Macht. Nichts wissen macht nichts.

Jetzt mache ich mich sicher bei einigen sehr unbeliebt. Erstens nehme ich mir einen Volksliedklassiker ("*Da Wüdschütz*") vor und zweitens mache ich daraus ein Protestlied gegen die sogenannten Tittenknipser. Hatte ich bereits erwähnt, dass ich selbst Fotograf bin? Nein, nicht so einer, ich bin ein seriöser!

Was sind Tittenknipser? Es gibt leider wenige, aber rufruinierende "Fotografen", für die die Kamera eher Vorwand als Arbeitsgerät ist. Das Arbeitsgerät haben sie in der Hose. Weil sie aber bei den Mädels auf gut österreichisch „keinen Riss" haben, verfallen sie auf die glorreiche Idee, „Akt zu machen" (Bilder von Mädels ohne Textilien zu knipsen). Wobei „einen Akt machen" für ihn durchaus noch eine andere, weitergehende Bedeutung haben kann. Auf die Art muss man ja einfach zu schönen, nackten Frauen kommen, oder? Unnötig zu erwähnen, dass sich ihre Fotos eher durch gewisse Einblicke als durch fotografischen Ausdruck definieren. Somit sehen diese Bilder auch immer gleich nichtssagend aus. Das Kronenzeitungmädel von Seite fünf ist dagegen höchstwertige Fotokunst ...

Ich glaube, jedes Modell, das länger „shootet" (sich fotografieren lässt), kennt diesen Typ.

Der Knipser

Eines Samstag frühmorgens
ganz zeitig in da Fruah
Packt der Knipser sei Canon
fahrt dem Studio zua.

Er hot si jo a Madl bstöht
dem es an Erfahrung föht.
Des knipst a heit.

Auf a Visa vazicht er
des Gsicht is eam wurscht.
Auf was anders erpicht wär
der notgeile Bursch.

Mit fünfafufzig Jahrln hot
er mit Madln seine Not.
Drum knipst er sie.

Zuerst macht drei Porträts gschwind
zur Beruhigung er fesch.
Bevor sie dann hört: "Kind!
Tua weg jetzt de Wäsch!

Knia di moi hin, moch d'Haxn auf!"
Er hoit in schneller Folge drauf.
Der Blitz wird heiß.

Er zoiht ihr heut an Fufzga.
Sie is jung und braucht's Göd.
Dafür hot's dann ka Kluft au.
So hot er sich's vorgstöht.

Sei ganz private Peep-Strip-Show
ziagt fia am des Madl oh.
Komplett verhärmt.

"Du wann kriag i de Büdln?"
hat am Ende sie gfrogt.
"Beim Bearbeiten net wüdln!"
Hat er ihr drauf gesogt.

De Büdln, de san großteils hin.
Weil ohne Fokus hot's kan Sinn.
Des is eam wurscht.

Paar Tag später stellt er dann
einen Pinkshot ins Netz.
Sodass ja jeder schaun kann.
Und das Madl is entsetzt.

Er muass des Büd dann eh auf d'Stö
rausnehmen, doch's Netz is schnö.
Ist überall.

Ich telefoniere eigentlich (sagte ich bereits, dass ich dieses Wort mag?) nicht sehr gerne. Wozu etwas in zwei Minuten am Telefon klären, wenn man auch drei Stunden über WhatsApp schreibend Missverständnisse produzieren kann? Aber irgendwie muss Mann seine Telefonierunlust ja auch begründen. Und was läge näher als – richtig: die Hotline! Jeder von uns liebt Hotlines. Für alle EDV Muffel: Das sind nicht die Bikinistreifen auf einem nackten Frauenkörper, ich rede von der Telefonseelsorge für gestresste Computernutzer.

Seid ihr schon mal in einer Warteschleife einer Hotline hängen geblieben? Mir fällt da immer Kim Wilde ein mit "*Keep Me Hangin' On*".

Piep, i häng nu dran!

"Drücken Sie jetzt die Taste Null!
Drücken Sie endlich auf die Null!"
Uh-uh-uh-uh
Die erste Hürde hab' ich dann.
Piep, i häng nur dran!

"Die Eins, wenn Sie ... " Shit, überhört!
"Die Zwei, wenn Sie ... " Das läuft verkehrt.
Uh-uh-uh-uh
Na, drück ich eins und höre dann:
"Piep, Sie sind gleich mal dran!"

Ich wollte doch nur melden, dass nichts mehr geht!
Mein Mailaccount gesperrt.
Warum erreich ich nur den Blechtrottel dort?
Was läuft denn hier verkehrt?
Gibt's denn keine Menschen mehr?
Ich glaub ich dreh gleich durch, Herr!

"Ein wenig kann es dauern noch!
Dann kümmern wir uns um Sie!"
Uh-uh-uh-uh
Ich merk wie mich das sauer macht!
Doch piep, ich häng noch dran!
Ob man das dort auf Dauer so macht?
Tja, piep, ich häng noch dran!

Eine Stunde ist es schon.
Kann nicht mehr lange dauern.
Dann kommt der Wartezeitenlohn.
Oder lässt man mich versauern?

"Bitte noch um etwas Geduld!
Das Aufkommen ist hoch, das ist daran Schuld!
Wir kümmern uns sofort um Sie!"
Piep, i häng nu dran!

"Es wird sich gleich wer melden." sagt eine Sie
Wird Zeit, zwei Stunden bald.
Schön langsam ist das Ohr heiß, und wie.
Auf's Klo sollt ich auch schon, halt!
Ein Klacken, ja jetzt tut sich was:
Ich höre, wie es schallt:

"Drücken Sie jetzt die Taste Null!
Drücken Sie endlich auf die Null!"
Uh-uh-uh-uh
Ich lauf rot an, doch merke dann:
Piep, i häng nur dran!
Da meldet sich der Kerl dann:
"Hallo, Sind Sie noch dran?"

Das hör' ich noch, dann Akku am Sand.
Kein Piep, häng nicht mehr dran.

Was wäre so eine Liedersammlung ohne den Udo Jürgen Bockelmann? Unvollständig! Auch Udo Jürgens, wie er sich nannte, war einer derjenigen, die dir mit ihren Texten im Handumdrehen Bilder in den Kopf zaubern konnten. Man erlebt seine Lieder irgendwie mit, findet ihr nicht?

Jetzt kam also der arme Udo dran. Ich weiß nicht, ob seine Jenny einen schnellen Schlitten fährt, aber wenn, dann hätte er wohl aus *"Aber bitte mit Sahne!"* eher ein *"Und schon wieder eine Panne!"* gemacht. Damit es sich verstechnisch ausgeht, ersetze ich das „eine" durch das umgangssprachliche „a", meine tausenden deutschen Leser werden es verschmerzen.

„Bandl" ist übrigens österreichisch für „Autobahn". Das Band, das sich durch die Landschaft zieht.

Und scho wieder a Panne!

Sie fährt den Carrera vom Ferdinand Porsche -
oh oh oh, oh yeah!
Die Karosserie ist a schöne doch leider auch morsche -
oh oh oh, oh yeah!
Und so jagt sie am Bandl mit zweihundertzehn,
und hat glatt das Schalten auf Gang drei überseh'n!
Das Getriebe, das grüßt sie, es kracht volle Kanne.
Und scho wieder a Panne! Und scho wieder a Panne!

Jetzt steht sie am Streifen, schaut hilflos und arm -
oh oh oh, oh yeah!
Und keiner bleibt steh'n, nicht einmal ein Gendarm -
oh oh oh, oh yeah!
Da fällt ihr's von den Augen wie mächtige Schuppen.
Autofahrer, die steh'n doch auf Minirockpuppen?
Auch das Shirt ist jetzt nass, denn es schütt' volle Kanne ...
Was macht da schon so a Panne? Was macht da schon so a Panne?

Schon nach ganz kurzer Zeit helfen die Kavaliere -
oh oh oh, oh yeah!
Und sie findet es nett, wie sie alle so gieren -
oh oh oh, oh yeah!
Sie erwählt dann mit Huld einen von dieses Deppen.
Der darf sie jetzt mit dreißig nach Hause abschleppen.
Er fragt sie wie sie heißt, sie sagt artig "Marianne
Und ich bräucht' eine Wanne. Und ich bräucht' eine Wanne."

Ein paar Wochen darauf wird Marianne nervöhös -
oh oh oh, oh yeah!
Ihre Unterleibsvorahnung, die ist recht böhös -
oh oh oh, oh yeah!
So ein Gummi gehört nicht nur auf Autoreifen.
Sondern besser wär's wäre er auch auf dem Steifen!
Ein paar Monate später ist's nimmer alane.
Ja das nennt man a Panne! Ja das nennt man a Panne!

Weil wir gerade Udo Jürgens hatten. Der sagte mal, er war kein besonders guter Schüler. Naja, vielleicht lag es ja auch an seinen Lehrern. Jedenfalls hat es ihm ganz offensichtlich im Leben nicht geschadet. Ob er aber ein Macho war, das weiß ich nicht. Das folgende Lied handelt von beidem – Lehrer und Machos.

Wer von euch "*Layla*" von Eric "Slowhand" Clapton nicht kennt, ist selber schuld. Das ist ein Fehler. Ein großer! Und außerdem wollte ich mal ein böses Lied über Männer machen.

Fehler

Der Schüler schreibt die Arbeit fertig.
Und gibt der Lehrerin sie ab.
Sie schaut zuhause, der Rotstift ist gezückt.
Und los geht's und das nicht zu knapp:

Fehler! Heut bin ich wieder fies.
Fehler! An Fünfer kriegt das Gfries!
Fehler! Lern das nächste Mal ein wenig mehr!

Danach geht sie noch etwas trinken.
In eine angesagte Bar.
Da sitzt ein Typ, der schaut ganz nett zu ihr.
Ein Lächeln kriegt der auch, na klar.

Fehler! Den wird sie nicht mehr los.
Fehler! Was dachte sie sich bloß?
Fehler! Die Brille hätt geholfen, ist zu spät.

Und sie ergibt sich in ihr Schicksal.
Der Herr begleitet sie nach Haus.
Und weil sie höflich ist, da bitt' sie ihn kurz rauf.
Und denkt, den werf' ich dann gleich raus!

Fehler! Charakterschwach ist schlecht.
Fehler! Wenn man sei Ruhe möcht.
Fehler! Sie wird den Kerl einfach nicht mehr los.

Fehler! Geheirat hat sie ihn.
Fehler! Ihr Leben das ist hin.
Fehler! Sie putzt und dieser Macho liegt nur rum ...

Nicht alles im Leben ist immer auch lustig. Das folgende Lied ist es nicht.
Man könnte es fast ein Protestlied nennen. Echt jetzt! Der Franz Josef
Degenhart wäre stolz auf mich, oder sogar der Wolf Biermann. Ich bin ja

auch – so schätze ich das selbst ein – ein sehr politischer Mensch. Aber kein parteipolitischer. Parteien sind aus meiner Sicht eines der effizientesten Demokratieverhinderungswerkzeuge überhaupt, weil (außer bei ganz jungen Parteien, die diese Systeme noch nicht institutionalisiert haben) die Linientreue und der Kadavergehorsam gegenüber der Partei über das persönliche Gewissen gestellt wird. Man denke an den Clubzwang. Legendär sind die Geschichten, wonach unter Wolfgang Schüssel im ÖVP Parlamentsclub gegolten haben soll: *„Wenn er spricht – Hände falten, Goschen halten!"*

Klaus Lage war es, der eines meiner Lieblingslieder geschrieben hat, bekannt geworden unter *"Tausendmal berührt"*, obwohl es eigentlich *"Tausend und eine Nacht"* heißt. Es ist ganz unpolitisch, aber damals wusste er ja auch nicht, was wir heute wissen. Mein Freund Ulrich Gruber brachte mich auf die Idee, danke!

Tausendmal geirrt

Ich will mir doch bloß mal den Abend vertreiben
und schalte die Glotze halt einfach so ein.
Da seh' ich den Kanzler und mir ist zum Speiben.
Er lacht wieder falsch in die Kamera rein.

Sein Vize daneben, der weiß alles besser.
Das ist auch kein Kunststück, das wüsste ich auch.
Es wird ihm zu bunt, und da gibt er sich an Stesser.
Und während er lügt, bebt der aus'gfressne Bauch:

Tausendmal geirrt!
Tausendmal das Volk verwirrt!
Tausendundein Betrug!
Dem Volk wird's nie genug!

Erinnerst Du Dich? Wie es hieß: "Steuern runter!"
Kein Mensch hat's geglaubt und sie trotzdem gewählt.
Das Geld stopfen sie sich die Schlünde hinunter.
Bei uns hier im Volk werden Erbsen gezählt.

Sie kriegen den Hals niemals voll in den Kammern.
Ein Batzen Gehalt und noch Prämien fett.
Beamte und Bauern, auch die Lehrer, sie jammern.
Bei uns wär' man froh, wenn die Hälfte man hätt'.

Tausendfach bestohl'n!
Tausendfach und unverhohl'n!
Tausendundeine Steuer!
Durch diese Ungeheuer!

Die Wahl ist geschlagen, und die andern sind vorn.
Die Münder steh'n offen, das hätt' keiner gedacht.
"Man sollte nicht wählen aus Wut und aus Zorn!"
Wird uns jetzt vom Exkanzler klargemacht.

Wie wär's wenn die Schuld ihr zum ganz ersten Male
bei euch sucht, die ihr uns jetzt ja dazu zwangt?
Ihr niemals den Hals vollbekommenden Wale:
Uns hat es jetzt endlich - und wirklich gelangt!

Tausendmal gewählt!
Tausendmal nur Scheiß erzählt!
Tausendundeine Wahl!
Ihr seid im freien Fall.

Tausendmal verlacht!
Tausendmal habt ihr's gemacht!
Tausendundeine Wahl!
Und eine neue Qual.

Die Geschichte zum nächsten Lied (und einigen weiteren) ist die:

Als ich das letzte Lied („*Tausendmal geirrt*“) in Facebook gepostet hatte,
entspann sich eine kleine Diskussion. Ich sollte doch auch einmal eines
von Reinhard Mey umschreiben, meinte jemand. Die Antwort eines
anderen Freundes war sinngemäß: „*Das ist halt sehr schwierig. Allein das*

Versmaß und die Rhythmik von Reinhard Mey sind kaum in den Griff zu bekommen."

So etwas stachelt natürlich den Ehrgeiz an. Vermutlich war das auch der Hintergedanke. Vor allem, weil ich seit jeher ein Mey-Fan war und bin. Wenn man seinen Namen nennt, fällt jedem als erstes sein Lied *„Über den Wolken"* ein. Eigentlich ist es viel zu schön, um es zu verballhornen, daher habe ich einen ernsten Text darübergelegt. Also wieder ein Protestlied. Ich sollte mir Blumen ins Haar stecken, aber bei fünf Millimeter Haarlänge ist das schwierig. Anscheinend war ich da also gerade in einer Protestphase. Soll vorkommen in der Spätvierzigerpubertät.

Das Lied postete ich zuerst in den Kommentaren der angesprochenen Diskussion, habe es dann aber später zusammengefasst, und hier ist es:

Man fällt aus den Wolken

Blind von Ost bis ganz nach West.
Dröhnt man uns voll mit den Parolen.
Und im Kanzleramt die Pest.
Dauernd woll'n sie uns verkohlen.

Bis das Wahlvolk endlich tobt.
Bei der Wahl gibt's ein Gewitter.
Niemand mehr, der Faymann lobt.
Löblstraßenangstgezitter.

Man fällt aus den Wolken,
weil der Wähler die Spur nicht mehr hält.
Alle Ängste alle Sorgen hat man
dauernd rotschwarz verborgen, doch dann,
wurde was man niemals glaubte doch wahr:
Mit der Regierung wird's gar.

Es ist alles still man geht.
Auf den Plakaten klebt das "Danke".
Auch wenn keiner das versteht.
Es bleibt der Staatshaushalt, der kranke.

Im Proporz versank das Land.
Für die Bildung blieb nichts übrig.
Viel Politik, nur kein Verstand.
In manchen Taschen blitzt es silbrig.

Man fällt aus den Wolken.
Jetzt wo man sieht, wie korrupt die so war'n.
All die Prämien, all die Boni kassiert.
Ja im Einstecken da war'n sie versiert.
Ausgesorgt hat diese Generation.
Und wir bezahlen das schon ...

Und sie tragen jetzt die Schuld.
An der Macht sind jetzt die Rechten.
Wir hatten eh so viel Geduld,
als sie all das Geld verzechten.

Aber einmal ist's genug!
Und dann jagt man fort die Teufel.
Jetzt kommt Beelzebub, der klug
legt gleich nach noch ein Schäufel.

Man fällt aus den Wolken!
Auch was nachkam, das war nicht viel wert.
Uns're Ängste sind nun andere, gut.
Statt mit Kohle bezahl'n wir mit Blut.
Doch vergesst nicht wer es möglich gemacht.
Wenn's in Österreich kracht.

Bei mir bekommt jede Partei Saures. Man will da ja keinen Unterschied machen und sich von parteipolitischen Schubladen fernhalten. Diesmal erwischt es halt die Roten. Unser Kanzler wird es grinsend wegstecken, da bin ich sicher. So ein Lied kann die Fäden, mit denen seine Mundwinkel am Jochbein operativ aufgehängt wurden, nicht zerreißen. Wer von euch kennt nicht die *"Heißen Nächte in Palermo"* der EAV? Transferiert in unsere Zeit - na lasst euch überraschen!

Teure Nächte

Gesprochener Text:

Es war in einer kalten Winternacht. Im Arbeitszimmer von Kanzler Don Grinso. Dem Vater des organisierten Zerbrechens.

Song:

In la Cantina, da in Wiena, sitzen sie, die Rossi.
Alle schweigen sie und schauen hin zum obersten Genossi-Bossi.
Und im Kreise seiner Jünger lacht er hoch und höher:
"Hi hi hi, ja hi hi hi - ja hi hi hi!" -
schön langsam tut es immer weher!

Die ÖGB Seniori, die denken: "Na, jetzt fohr i!
Der Wappler kennt sich gar net aus!"
Doch fehlen ihnen Eier, sonst schimpft der Ostermayer!
Und das war's im "Hohen Haus" - au-hau-hau-haus-raus!

Neue Steuern, neue Steuern, ja de wern grod.
Und a klana - Unternehmer - wird um alles kemma.
Oh-ho-ho-ho-ho-ho!
Teure Steuern, teure Steuern für die Reichen.
Man kann das Erbe sich nicht leisten, Oma bitte net erbleichen!
Oh-ho-ho-ho-ho-ho!

Der Häuslbauer, war kein Schlauer. Sein Leben zahlt er Schulden.
Statt sich hocknstad, am Sofa fad zu wälzen
geht er Eisen schmelzen.
Seinen Lohn, welch ein Hohn, frisst die Einkommensteuer.
Besser AMS als VOEST,
weil einen das doch sehr verdrießt auf Dauer!

Dann mit sechzig: Haus vermacht er, an seine Lieblingstochter.
Die freut sich, Papa ist ein Gott!
Da kommt schon Bescheid mit Posta, Fufzigtausend tut das kosta.
So ein Geschenk, das macht bankrott!
Oh-ho-ho-ho-ho-ho!

Neue Steuern, neue Steuern der Genossi.
Pecken tut es nur der Kleine,
schon in der Südsee sind die Rossi-Bossi.
Oh-ho-ho-ho-ho-ho!
"Trift ja, trifft ja, trifft ja nur die Millionäri!"
So sagt Faymann und er sagte noch, "Genossi, ja das schwör i!"
Oh-ho-ho-ho-ho-ho!

Neue Steuern, neue Steuern für das Schenken.
Willst du jemandem was geben, Haus zum Leben,
musst du vorher denken.
Bitte schenk nichts, bitte schenk mir nichts, oh Papa!
Das wird zu teuer, kostet Steuer -
verbrenn' noch heuer Haus im Feuer, gscheiter!

Ein Fotografenlied habe ich noch. Ich habe früher öfter mal im Studio gearbeitet, aber irgendwie seit langem keine Lust mehr auf Studiofotografie. Stattdessen bin ich altersgemäß jetzt eher in der Tier- und Landschaftsknipserei zuhause. Die Steve Miller Band schrieb dazu "*Joker*". Und dieses Lied passt perfekt zur Studiofotografie oder eher dagegen, wenn man es etwas ... ähm ... adaptiert. Gesungen werden sollte dieses Lied im Stil von Kurt Ostbahn.

Da Knipser

Sie ham jede Woch an neichn Hasn
In ana guadn Wochn a moi zwa-ha-ha.
I frog mi wia de des dablosn.
So vü knipsn des is zach.

Mit jeda shooten de des gleiche.
Duck face und olle stengans schräg.
Ausschaun tuans jede wie a Leiche.
Se sogn High Fashion, i sog Dreck.

I bin a Knipser.
Tua net shooten.
I moch Büda.
Knips du die Puten.
Da stöh i liaba mi zum See.

I pfeif auf Beauty.
I pfeif auf Fashion.
Lizzy, Judy
lossts de Wäsch an.
Weil i sowieso jetzt geh.
Oh, Oh, oh, oh, oh!

Du bist des Feschaste wos i ma denka kann
Du bist so leiwand jo,
do rennt de Linsn sofort an.
Schlangal, Schlangal, Schlangal schau amoi zu mir her jetzt.
I moch a Büd vo dir, dass grod a so fetzt.

I knips Viecha
I knips Landschaft
I knips Sport
und de Verwandtschaft.
Aber Studio nimmermehr.

Es is immer
nur des selbe.
Nemma s'Rote
oder s'Gelbe.
Mit dem Gwand hast nur des Gscher.
Oh, Oh, oh, oh, oh!

Der Mey steckte wochenlang wie ein Ohrwurm in mir. Keine Chance, ihn loszuwerden. Gleich noch eines nachgelegt, auch politisch, aber eher lustig, hoffe ich! Das ausgewählte Lied von Reinhard Mey war in der Tat ein heftiger Bissen, an dem man sich schon auch verschlucken könnte.

Ich bin ja Physiker und Fotograf und kein *„Klempner von Beruf"*, aber stellt euch mal vor, man wäre der Bundeskanzler? Wie würde der das Lied singen? Da dieses Lied zeitlos ist, spielt es primär nicht nur auf Werner Faymann an. Es ist ein Lied für alle Kanzler dieser Welt. Frau Merkel hat dabei das unverschämte Glück, dass sie eine Kanzlerin ist. Ist sie doch?

Kanzler von Beruf

Ich bin Kanzler von Beruf!
Dank der Verfassung, die den gold'nen Posten schuf.
Denn ich liebe das Regieren, wahre Nöte zu negieren,
in die Kamera zu grinsen,
geht das Land auch in die Binsen!
Ich bin Kanzler von Beruf!

Neulich hatten wir 'nen Fall von Korruption.
Na den Burschen stieß ich blitzeschnell vom Thron.
Seinen Job war er gleich los.
Ja was dachte er sich bloß?
So wen schickt der Kanzler gleich mal in Pension.
Nur den Bonus, ja den kriegt der Kerl schon.

Und da fragt die Presse mich doch glatt nachher,
ob ein Verfahren hier nicht angebrachter wär'?
Na dem hab' ich sein Gespinst,
wie's meine Art ist weggegrinst.
Und hab' auch die Regierung gleich noch umgebaut,
damit den Neuen man total vertraut.

Ich bin Kanzler von Beruf!
Dank der Verfassung, die den gold'nen Posten schuf.
Selbst in schweren Wirtschaftskrisen
habe ich doch stets bewiesen,
dass das Nichtstun oft die beste Antwort ist.
Ich bin Kanzler von Beruf!

Wir steh'n wieder einmal vor der Qual der Wahl.
Und das Stimmvieh ist nun mal sehr groß an Zahl.
Ja das muss man motivieren,
dass sie uns da elektieren.
Und so stell' ich ein paar Zuckerl ihnen dar.
Und nach der Wahl sag' ich, dass es ein Irrtum war.

Man sollt' nicht glauben, wie das immer funktioniert,
wenn man vor und nach der Wahl lügt ungeniert.
Denn sie glauben was sie wollen
und was sie von uns aus sollen,
wenn man es ideologisch schön verziert.
Und darin ist ein Kanzler halt versiert.

Ich bin Kanzler von Beruf!
Dank der Verfassung, die den gold'nen Posten schuf.
Und ich schlage gerne Wahlen,
weil sie mich dafür bezahlen.
Immer gibt es was zu lügen,
zu veräppeln, zu betrügen:
Ich bin Kanzler von Beruf!

Wenn ich endlich mal genug hab dann im Nu:
Noch ein paar Jahre in ein Amt in der EU.
Denn da gibt es viel zu nehmen
an Gehalt und an Tantiemen.
Da gibt's Kontakte und auch Lobbies.
Das ist gut für manche Hobbies.
Denn spielt man Golf dann ist es wirklich angebracht,
wenn man das auf 'ner schönen Südseeinsel macht.

Und auch die Frage einer Nachfolge ist klar:
Es wird 'ne Frau, weil uns're Quoten legen dar:
Das Amt war lange maskulin.
Wir müssen jetzt die Bremse ziehn!
Was tun für uns're Wählerschaft.
Weil das auf Jahre Siege schafft.
Man wählt nicht uns're Qualität.
Weil's mangels Qualität auch gar nicht geht!

Ich bin Kanzler von Beruf!
Dank der Verfassung, die den gold'nen Posten schuf.
Und ich gehe mit der Zeit.
Und ja, die ist nun mal so weit:
Eine Frau muss in das Amt, egal wie schlecht.
Weil die Emanzenschar das halt so möcht.

Leider hat man mir vor einem knappen Jahr
so ein paar Konten aufgedeckt, was schlecht jetzt war.
Mit ein paar schwarzen Millionen,
naja auch mich muss man entlohnen
für die Dienste die ich leiste -
und da gab's halt auch - hmm – dreiste!
Doch die Lösung fiel mir hier nicht wirklich schwer.
Denn die Schuld trägt leider der Chauffeur.

Das Verfahren war den Medien ein Genuss.
Wenn ein Kanzler vor Gericht erscheinen muss.
Doch da ich nicht gerne petze,
gab es schnell mal paar Gesetze,
dass ich nicht zum Kadi durfte,
worauf mein Chauffeur hin schlurfte.
Und der sitzt als Dank jetzt dreizehn Jahr in Stein.
Ich geb' zu das war ein kleinwenig gemein.

Ich bin Kanzler von Beruf!
Dank der Verfassung, die den gold'nen Posten schuf.
Keiner kann mir an die Wolle,
und das ist ja auch das Tolle!
Denn man ist ja eine Galionsfigur!
Und ein Charakter, ja der schadet nur!

Ihr wisst nun mittlerweile: Ich bin ein Fan von Reinhard Mey. Seine Gabe, alltägliche Dinge in Worte zu fassen, ist unübertroffen. Als er sein erstes Kind bekam (naja, eigentlich bekam es seine Frau), schrieb er *"Keine Ruhige Minute"*. Der Mann wusste, wovon er sang!

Sorry Reinhard, ich muss es trotzdem adaptieren. Situationsbezogen. Wieder einmal das Thema Telefon respektive Handy. Wobei das ja ein blödes Wort ist. Kein Engländer oder Amerikaner versteht „Handy", die haben „Cell phones". Handy ist also ein englisches Wort, das man nur in Österreich und Deutschland versteht, was einen schon zum Schmunzeln anregen könnte, wenn man gerade nicht so genervt wäre.

Hey, was soll dieses Getute?

Was habe ich in meiner Jugend
ohne dich eigentlich gemacht?
Wie habe ich mit meiner Tugend
meine Freizeit nur verbracht?
Nur im Vorraum hat's geklingelt.
Und im Zimmer war es stumm.
Und bin ich mal fortgetingelt,
war ich fort. Und aus! Darum:

Hey, was soll dieses Getute?
Ruft mich doch nicht dauernd an.
Heb' ich nicht ab, nun dann vermute,
dass ich nicht will oder nicht kann!

Siebzehn Anrufe am Handy.
Und die Voicebox, die ist voll.
Ich frage mich, warum verstehn' die
nicht, wenn ich mich mal vertroll'?
Alles tödlich ernste Dinge:
"Hast Du Zeit für 'nen Kaffee?"
Während ich grad davon singe,
läutet's wieder, ach herrje!

Hey, was soll dieses Getute?
Ruft mich doch nicht dauernd an.
Außer wenn ihr grad verblutet.
Nun, dann helf' ich, wenn ich kann!

Eine Dame ruft mich an grad.
Ich versteh' sie nicht so recht.
Ob ich schon den tollen Kamm hab',
antistatisch, und sie möcht,
mir ein Anbot unterbreiten:
Zahle drei und kaufe zwei!
Glatze trägt der Leiten-
bauer, doch das ist ihr einerlei!

Hey, was soll dieses Getute?
Ruft mich doch nicht dauernd an.
Mich nervt die Callcenterpute!
Wie bring ich die wieder an?

Akku aus, und jetzt ist Stille.
Endlich lesen da im Park.
Neben mir zirpt eine Grille.
Ich spür' mich bis in mein Mark.
Und ich denk, dass ich das Handy
nie mehr auflad', doch zuhaus:
All die Vorsätze, vergehn' die
man ist abhängig, ein Graus:

Hey, mir fehlt dieses Getute!
Heute ruft mich keiner an.
Das kommt davon, ich vermute,
dass ich geh' zu selten ran.

Der Sommer 2014 war wirklich eine eher schüchterne Begegnung der unheimeligen Art. Nur nicht mit den Viren, die bei diesem Wetter fröhliche Urstände feierten, auch mit der Sonne, die offensichtlich auf Urlaub im Süden war. Dafür war 2015 umso heißer.

2014 waren sie verkühlt, 2015 traf sie der Hitzschlag – krank waren die Leute immer.

Die EAV klagte vor Jahrzehnten in *"Ba-Ba-Banküberfall"* über zu wenig liquide Mittel, mir war es 2014 da draußen hingegen nass genug.

Kra-kra-krank überall

Die Firmen sind leer. Beim Arzt ist's voll.
Nicht nur der Chef fragt, was das soll.
Beim Bäcker gibt's lang schon mehr keine Semmeln.
Weil sie statt backen marod beim Arzt rumlümmeln.

"Das Wetter ist schuld dran!" so schreibt die Presse.
Die Grippevir'n freuen sich ob der Nässe.
Die Zivilisation steht vor dem Fall.
Kein Wunder, denn man ist krank überall!

Kra-kra-krank überall,
man ist kra-kra-krank überall.
Kra-kra-krank überall:
Bakteriologischer Krisenfall!

Kra-kra-krank überall,
man ist kra-kra-krank überall.
Kra-kra-krank überall:
Bakteriologischer Krisenfall!

Mir rinnt die Nase und der Husten bröckelt.
Da wird beim Doktor angeglöckelt.
Weil niemand öffnet seh' ich das Zetterl:
"Heut' ist hier zu, bin selbst im Betterl!"

Nun wo er wohnt, das ist bekannt.
Da wird jetzt gleich mal hingerannt.
Wie ich ankomm', seh' ich unser Auto bei ihm im Stalle.
Meine Frau ist wohl auch krank, hat's mit der Galle.

Kra-kra-krank überall,
man ist kra-kra-krank überall.
Kra-kra-krank überall
Und auch meine Frau ist so ein Fall!

Kra-kra-krank überall,
man ist kra-kra-krank überall.
Kra-kra-krank überall
Und auch meine Frau ist so ein Fall!

Das Fenster ist offen, ich hör' ihr Geschrei.
Der Arzt ist sicher grad beim Spritzen dabei.
Doch plötzlich da höre ich ihn jetzt stöhnen.
Klingt nicht nach Heilen, nein wie verwöhnen!

Mich packt die Neugier, ich kletter' hinein.
Ich hab' an Verdacht, nein das kann nicht sein!
Da seh' ich sie grad so auf ihm sitzen.
Er sieht mich und sagt: "Das ist nur a Spritzn!"

Sie war
Kra-kra-krank überall,
sie war kra-kra-krank überall.
Kra-kra-krank überall.
Ich helf' ihr ganz selbstlos im Krisenfall!

Sie war
Kra-kra-krank überall,
sie war kra-kra-krank überall.
Kra-kra-krank überall,
Er hilft ihr ganz selbstlos im Krisenfall!

Warum in erster Linie Lieder von Österreichern und Deutschen ruinieren? Es gibt doch auch so viele englische Lieder! Okay Leute, lasst es mich langsam angehen. Nehmen wir uns zuerst eines vor, das als *„Lucky Lips"* schon ins Deutsche übersetzt wurde in *„Rote Lippen (soll man küssen)"*. Heute wird es kaum noch gespielt, weil sich Alice Schwarzer darüber aufgeregt hatte, dass auch andere Lippenfarben nicht diskriminiert werden dürfen.

Den Einfall dazu hatte ich, als ich an einem Mittwoch – wie jeden Mittwoch und überhaupt jeden sonstigen Tag – mal wieder nicht Lotto spielte. Der Nachteil, wenn man Physiker ist: Man kann Wahrscheinlichkeiten ausrechnen. Da wäre Lottospielen im höchsten Grade irrational, genauso wie rauchen. Ähm ... ich sollte aufhören zu rauchen, ich weiß.

Lotto tippen wird man müssen

Sie sah so schöne Schuhe - im Onlineangebot.
Sie haben ihr gefallen - doch mit dem Geld war Not.
So hatte sie den Einfall,
und ging in die Trafik.
Vielleicht wär' ihr ja gnädig mal das Lohohottoglück.

Lotto tippen wird man müssen,
denn nur so kommt man zum Glück.
Ohne Lotto tippen bleibt man hoffnungslos zurück.
Die Chancen auf Millionen, die sind zwar nicht sehr groß.
Doch wenn man dann gewinnt, dann geht das Leben richtig los!

Eins zu acht Millionen sagte ihr nicht wirklich viel.
In Mathe gut zu sein, das war von jeher nicht ihr Ziel.
Und weil sie das nicht wusste,
da schlug das Schicksal zu.
Ein Solojackpotsechser: und da war sie reich im Nu.

Lotto tippen nie mehr müssen,
denn der erste Tipp war hot.
Was kümmern sie die Chancen, wo geknackt ist jetzt der Pot.
Die Kohle auf dem Konto, und die Schuhe sind bestellt.
Und mit dem Rest des Geldes, ja da kauft sie sich die Welt.

So ging sie auf die Straße, die neuen High Heels an.
Zwölf Zentimeter Absatz, noch etwas wacklig war sie dran.
Es pfiff ihr nach ein Mann.
Sie blickte kurz zurück.
Ein Stolpern übern Randstein, und das war's dann mit dem Glück.

Einen LKW zu küssen,
ist auch mit Kohle meistens blöd.
Weil man - ob reich, ob arm - dann hurtig übern Jordan geht.
Und so bleibt ihr am Ende dann nur mehr der schwache Trost:
Die Erben sind jetzt reich wo sie im Krematorium glost.

Man fährt mit dem Auto in die Firma und wird geschlagen. Vom Michael Jackson. *"Beat It!"*. Gut, dann schlägt man halt zurück! Und weil ich versprochen habe, auch die englische Sprache kaputt zu machen, diesmal ein Versuch in Englisch.

Alle Veganer und Vegetarier sollten dieses Lied bitte überblättern, es könnte ihre Gefühle verletzen und ihnen im Magen liegen. Ich selbst bin ja Vegetarier zweiter Ordnung, das heißt, ich esse nur Pflanzenfresser. Außer die Bauern füttern ihre Schweine oder Forellen mit Tiermehl, aber das tut doch keiner, oder? Na eben! Habt ein wenig Vertrauen, Leute. Creutzfeld Jakob kommt nicht von tiermehlgefütterten Schafen sondern von den Chemtrails, jede Wette! Oder vielleicht auch von der NSA, weil die unsere Gehirninhalte beim Telefonieren scannen und speichern!

So, jetzt aber rauf mit dem Aluhut und los geht's!

Eat it!

She was a veggie, was organical fan.
She would not eat a steak or any sausage, man!
Her children had to follow her organical pain:
Eat it! Just eat it!

On her tomatoes You would not find any cheese.
Just eat it naturally, oh would You please!
The oil was polyunsaturated from Greek olive trees.
Eat it! Just eat it!

Just eat it, eat it, eat it, eat it!
Contents the vitamins You needed.
Don't even try now to fight
Because You know that I'm right!
Just eat it, eat it!
Just eat it, eat it!
Just eat it, eat it!
Just eat it, eat it!

Her husband left her, went as soon as he could.
His new wife, she is cooking very fat and good.
I recommend to You: That's what every man should:
Leave it! Just leave it!

Hang on to steaks and noodles, butter and fat.
Just let her starve, move out, don't forget the hat.
Cause nature serve's the problem, soon she will be dead.
Just eat meat, eat meat!

Just eat meat, eat meat!
Contents the proteins You needed!
Give up the veggie fight.
Get Your steak and You'll be right!

Just eat it, eat it!
The veggie frontier is defeated!
"Waiter would You please
serve me bacon, eggs and cheese!

Just meet it, meet it!
Your body likes to be meat treated!
Use butter instead of marge.
Don't care Your belly get's too large.
Just eat meat, eat meat!
Eat meat, eat meat, eat meat!

Wer von Euch kennt Reinhard Meys *„Antrag auf Erteilung eines Antragformulars"*? Ein geniales und wortgewaltiges Lied über die Auswüchse unserer Bürokratie. Ich habe aber selten Probleme mit der Bürokratie, dafür aber andere: Ich rauche.

Okay, ich rauche zwar nie im Büro, aber sonst leider zu viel. Das Aufhören wäre ja kein Problem, ich habe es schon so oft gemacht. Aber nicht wieder anzufangen, das ist eine eigene Geschichte! Irgendwie habe ich immer einmal öfter angefangen als aufgehört. Aber spätestens wenn man stirbt, hört man auf, ohne anzufangen. Außer man kommt ins Fegefeuer oder in die Hölle.

Der Anfang des Beginns des Rauchentwöhnungsunterfang's

Ich war immer starker Raucher, ja so war ich stadtbekannt.
Hatte ich mal keine Ziggis, nun dann hatte ich halt Grant.
Heute lache ich darüber, denn das ist nun längst vorbei.
Ich bin seit geraumer Zeit nun endlich zigarettenfrei.
Seit dem Tag an dem der Husten mir das Beuschel riss heraus,
sagte ich mir kurz vorm Sterben: "So das reicht. Jetzt mach ich draus:"

Einen Anfang des Beginns des Rauchentwöhnungsunterfang's
für den Stopp des unvermittelt auftretenden Kippendrangs.
Der, so sagten mir die Ärzte, noch mein frühes Ende bringt.
Was mich hustend endlich mal zu diesem festen Vorsatz zwingt.

Ich seh' auf die Uhr, sie sagt mir, elf Minuten sind es jetzt.
Dass ich meine letzte Kippe in den Ascher hab' gefetzt.
Ich spür' jetzt schon in der Brust, wie meine Lunge sich befreit.
Na das ging ja wirklich einfach, zwölf Minuten sagt die Zeit.
Warum machen die denn alle mit dem Aufhör'n so'n Tanz?
Zwölf Minuten dreißig, na das ist doch einfach gar und ganz!

Mit dem Anfang des Beginns des Rauchentwöhnungsunterfang's
für den Stopp des unvermittelt auftretenden Kippendrangs.
Der, so sagten mir die Ärzte, noch mein frühes Ende bringt.
Was mich hustend endlich mal zu diesem festen Vorsatz zwingt.

Eine Woche ist vergangen, ich bin los jetzt meinen Job.
Na man nennt den Chef (der raucht) auch nicht ein Arschloch oder Snob.
Meine Frau hat mich verlassen, als ich aus Verzweiflung motzte,
dann Räucherstäbchen inhalierte und kurz darauf am Teppich kotzte.
Meine Freunde halten Abstand, meine Waage brach entzwei.
Und die Speisekammer leert sich jetzt, mir ist das einerlei!

Bin am Anfang des Beginns des Rauchentwöhnungsunterfang's
für den Stopp des unvermittelt auftretenden Kippendrangs.
Der, so sagten mir die Ärzte, noch mein frühes Ende bringt.
Was mich hustend endlich mal zu diesem festen Vorsatz zwingt.

Früher war als Raucher ich doch - mein ich - äußerst tolerant.
Doch ändert sich da jetzt die Einstellung, ich bin jetzt militant.
Meinem Nachbar hab' am Gartenzaun ne Dusche ich verpasst.
Mit dem Schlauch als er da rauchte, denn das ist mir jetzt verhasst.
Als er trocken war, da sagt er "Das war jetzt ein wenig viel!
Ich wollt' Sie grad zu mir einladen, drum brannte ja der Grill!"

"Doch das Feuer ist jetzt aus. Sie nahmen's einfach zu ernst mit dem:

Anfang des Beginns des Rauchentwöhnungsunterfang's
für den Stopp des unvermittelt auftretenden Kippendrangs.
Ja das endet dann ganz schnell mal mit dem Nachbarn in nem Zwist:
Weil das Rauchen eines Grills nun mal noch nicht verboten ist."

Von *„Let's get physical!"* (Rauchen hat mit der Physis zu tun) zu *„Let's get political!"* Entstanden, als die Steuerreform in aller Munde (aber in niemandes Geldtasche) war. Aus der Sicht eines Abgeordneten zum Nationalrat. "Burschi" nennen sie ihn. Hinterbänkler.

Ludwig Hirsch tät sagen: *"Gel' Du magst mi!"* (wobei der Hirsch das auch von einem englischen Lied übersetzt hat. Wisst ihr von welchem?)

Geld, Du magst mi!

Herst i bin do gar net so gescheit!
Und trotzdem hams mi eina g'wählt!
Und zwar alle!
Jetzt sitz im Nationalrat.
Der Parteichef hat des für mi draht:
Geld, du magst mi!
(Geld, du magst mi?)

I war einmal fast ein Rebell!
Und war voller Idealismus.
Man stopfte das Maul mir dann schnell.
Mit Kohle und Kapitalismus!
Oh-oh-oh-oh!

Zwölftausend im Monat kriag i.
So genau was ma des da jo nie.
Für's da Sitzen.
Im hintersten Bankerl is's ruhig.
Und i bin a an gar nix je schuid.
Geld, du magst mi!
(Geld, du magst mi?)

Komm Burschi, heb' schnell die Hand!
Es geht da um unser Land!
Und wissen brauchst eh nix!
Wir sagen dir was du tust.
Sei froh, wennst verstehst nix!
Oh-oh-oh-oh!

Uh, was war das jetzt für a Gsetz.
Hab's net glesen vorm Abstimmen, leider.
Bezüge für uns waren das?
Tausend mehr, herst Kollege, wie klass!
Geld, du magst mi!
Geld, du magst mi!
Geld, i mag di!
Geld, i mag di!

Na, wenn wir schon in der hohen Politik sind, dann gleich eins draufgelegt. Strachus quo (vadis)? Der Status Quo der österreichischen Politik ist nicht "*You're In the Army Now!*" sondern ... die zitierte arme Sau ist übrigens nicht der Politiker sondern der, der ihm auf den Leim geht – nur um Missverständnisse zu vermeiden. Ich kenne keine armen Politiker.

Du bist a arme Sau!

Zeit für einen dummen Strache-Spruch!
Vom Plakat her weht ein brauner Gruch.
Wenn ich den mir anschau:
Oh oh oh, du bist a arme Sau!

Mach dein Kreuzerl da im blauen Kreis.
Wozu denken, wenn man eh nichts weiß?
Seh dich und weiß genau:
Oh oh oh, du bist a arme Sau!

Du hackelst nix, weil du nur saufen magst.
In jedem Job am ersten Tag versagst.
Nicht nur politisch blau.
Oh oh oh, du bist a arme Sau!

Den Mirko schimpfst du einen blöden Tschusch.
Der hackelt brav und hilft dir noch im Pfusch.
Zahlt ein und wenn i schau:
Lebst du davon, du bist a faule Sau!

Deine Wohnung is a Deponie ...
Seine Wohnung hat der Mirko fein.
Er steht am Zaun, winkt dir und lädt dich ein!
Es kocht heut' seine Frau.
Lädt dich ein. Gehst hin du arme Sau?

Nach der Wahl wird alles anders sein.
Der Strache gwinnt, ja und dann hast es fein.
Wo ich mich sagen trau:
Wart nur ab, du bist a dumme Sau!

Bei Zucht und Ordnung hast du keine Chance.
Die stecken dich wennst Glück hast nur ins Arbeitshaus.
Und dann weißt du genau:
Ja oh ja, jetzt bist a arme Sau!

Zum Wählen war'n die Dummen gut genug.
Doch abgefahren ist dann schnell der Populismuszug.
Volksschädling in den Bau!
Jetzt bist wirklich eine arme Sau!

Läufst Du? Wenn ja: hobbymäßig oder weg? Oder läuft nur die Nase? Laufen kann so schön sein, wenn man nicht muss – und es kann die Rettung sein, wenn man etwas nicht will. Das folgende Lied nimmt das Laufen aufs Korn. Ich musste dazu leider den King of Rock 'n' Roll, Elvis Presley, belangen, der laufend Probleme mit einem Brief hatte, der immer mit dem Vermerk *„Return to Sender"* zu ihm zurück kam.

Er kann sich ja sowieso nur schwer wehren, weil er im Moment grad tot ist. Wenn es stimmt. Man weiß ja nie.

Jö schau, da rennt er!

Im Fußball gegen die Slowenen:
Schau uns're Defense, wie die steht.
Während sie da hinten gähnen,
auch schon die Post abgeht:

Der Fuchs meint staunend:
"Jö schau, da rennt er!
Herst is der flink!
I als Defender
steh do und wink!
Der Trainer schimpft mi!
So ungerecht!
Was kann denn ich dafür, dass der so renna mecht ..."

Vor der Kirche steht die Braut heut.
Fragend faltet sich die Stirn.
Der Bräutigam, ja der g'hört g'haut Leut'!
Wo hat der nur sein Hirn.

Da flüstert einer:
"Jö schau, da rennt er!
Richtung passt net!
Gibt Ärger, wenn der
net bald umdreht."
Die Braut wird rot nun
im hübschen G'sicht.
Kein Wunder wo der jetzt so kurz davor verzicht' ...

Der Herr Hofrat nimmt die Büchse.
Das Schicksal nimmt nun seinen Lauf.
Schießen wollt' er ja nur Füchse.
Doch kriegt's der Treiber drauf.

Der Jagdfreund meint nur:
"Jö schau da rennt er!
Hält sich den Po.
Ich fürcht', dem brennt er.
Tja, Risiko!
Wir sind halt Jäger
und treffen gut.
Und wenn es nicht der Fuchs ist, dann lässt halt der Treiber Blut!"

Jö schau da rennt er!
Jö schau da flennt er!
Jö schau da rennt er!

Was? Ich bin zu politisch? Leichte Kost wäre mal wieder angebracht? Also nichts so Abstoßendes wie Politik, einfach ein nettes, sauberes Liedchen für nette, saubere Bürger? Okay, ich bemühe mich. Ich habe ja mal wieder im Auto Udo Jürgens gehört mit seinem *Ehrenwerten Haus*". Da fiel mir der Bertl ein. Der war auch kein Saubermann.

113

Weil sich da Bertl net gern braust

Der Bertl war ein alter Freund,
im Grund genommen war er richtig nett.
Doch hielt von Pflege er nicht viel -
ging ohne Duschen in sein Bett.
Die Wanzen mieden ihn,
weil selbst so einem Ungetier vor sowas graust:
Oh - ho – ho
Sie sagten sich: "Das Blut wär gut doch nur,
wenn unser Bertl endlich braust!"

An einem Samstag rief er an und meinte:
"Oida, heite gemma furt!"
Ich dachte mir "Na warum net" und sag ihm:
"Herst, I bin glei durt!"
Den Bertl findest leicht,
du machst ihn nämlich olfaktorisch einfach aus:
Oh - ho – ho
De ganze Gossn kennt sei Griachl, weil -
sich unser Bertl niemals braust!

Am Kinoschalter stehen wir,
der Terminator steht heut am Programm.
I steh vier Meter hinterm Bertl, weil i mi für eam so scham!
Da kummt er zruck und sogt:
"De gibt ma keine Karten, wir sollen raus!"
Oh - ho – ho
Na denk i mir halt "Wieder umsonst gwart,
weil Bertl si net gerne braust."

Am Parkplatz riach i was, i denk ma,
herst des is jetzt net dem Bert sein Gruch.
I dreh mi um und sehe gleich, wie auch der Bertl riechend sucht.
Da kummt a Madl wirklich fesch,
doch is's von obm bis untn ganz zerzaust.
Oh - ho – ho
Es war beim Bertl Liebe auf den ersten Schnief,
weil sich auch Herta niemals braust.

Ich ließ die beiden schnell allein,
denn bei so etwas stört ein Kumpel nur.
Zwei Stunden später hör Sirenen ich,
vom Bertl weg die Rettung fuhr.
Sie wollten's machen habe ich gehört,
doch als sie sich da zogen aus:
Oh - ho – ho
Ging mit der Wäsche auch die Haut gleich mit:
Wär doch gut wenn man sich mal braust.

Jetzt liegen sie auf Intensiv und krümmen schmerzverzerrt die Hand zur
Faust.
Oh - ho – ho
Und Bertl sagt zu ihr verliebt "Ab jetzt
wird jährlich einmal kurz gebraust!"

"Annabelle ach Annabelle" sang Reinhard Mey und klagte sein Leid. Ich hab' jetzt beschlossen, meinen PC "Annabelle" zu nennen. Der ist auch so herrlich unkonventionell in seinem Verhalten. Manchmal macht der einfach gar nicht, was ich glaubte, ihm angeordnet zu haben (Ihr merkt, ich sagte nicht „Was ich angeordnet hatte"). Und manchmal macht er überhaupt nichts. Minutenlang, stundenlang. Dann muss ich schimpfen mit ihm. Was absolut irrational ist, aber wer kennt das nicht?

Glücklicherweise habe ich beruflich viel mit EDV zu tun und kann mit einem PC in einer Sprache schimpfen, die er auch versteht. Da geht es mir besser als vielen anderen, denen dann nur noch brachiale Gewaltanwendung als letztes Überzeugungsmittel bleibt.

Oder doch nicht? Das folgende Lied kann diese Frage unter Umständen beantworten.

Mein PC, ach mein PC!

Mein PC, ach mein PC!
Warum tust mir schon wieder weh?
Warum stürzt du schon wieder ab?
Du bringst mich damit noch ins Grab!
Mein PC, ach mein PC!
Wenn ich auf deinen Bluescreen seh',
bekomme ich mein Stimmungstief
und werd' auf einmal aggressiv!

Ich bin ja grad am Sprung zu diesem Essen mit
Familie, und das ist jedes Jahr ein Hit.
Die Kinder schon im Auto und ich wollt' nur schnell
checken noch - vielleicht ist da ja noch ein Mail.
Das Passwort eingetippt, der erste Schock:
Klappt nicht. Was? Ach so CAPS LOCK!
Die Katze hat wohl wieder mal dezent
auf meiner Tastatur gepennt.

Die Anmeldung, die hat jetzt endlich funktioniert.
Noch schnell wird jetzt die Mailbox aktiviert.
Vierhundertdreiundvierzig Mails, das gibt es nicht!
Der Spamschutz g'hört mal eingericht'!
Die Haustürglocke fängt zum Bimmeln an.
Als ob man im Auto nicht mal warten kann!
"Ich komm' ja schon!" - und weiß genau:
In drei Minuten klingelt sie nochmal, die Frau!

Mein PC, ach mein PC!
Warum tust mir schon wieder weh?
Es scheint als würdest du mit List
am langsamsten, wenn eilig ist.
Mein PC, ach mein PC!
Wenn ich so deine Sanduhr seh',
sträubt sich an mir gleich jedes Haar,
und ich werd' plötzlich zum Barbar.

Na während der die Mails jetzt noch herunterlädt,
da wird' die Zeit genutzt, denn es wär nicht blöd,
die Sicherung zu starten, weil man doch nicht will:
den Plattencrash und Datenverlustoverkill.
Als Ziel des Backups hat man sich ja jetzt gekauft:
Ein Sechzehn Tera N-A-S, mit RAID, das lauft.
Da kann dann wirklich gar nichts mehr passier'n.
Auf keinen Fall kann man so Daten noch verlier'n.

Die Glocke an der Türe, die ist nun längst verstummt.
Familie ist ohne mich zum Essen abgebrummt.
Die Mails sind jetzt gesichtet und der Spam gelöscht.
Ich fühl' mich regelrecht erfrischt.
Da sagt die Kiste dass das Laufwerk G
nicht gefunden wird im Netzwerk, was ich nicht versteh'.
Na, das Problem wird jetzt halt auch noch schnell gelöst.
Was glatt den Rest des Nachmittages frisst!

Mein PC, ach mein PC!
Warum tust mir schon wieder weh?
Jetzt wärst doch endlich mal gelaufen.
Auch ich muss essen und was saufen!
Mein PC, ach mein PC!
Weiß du was ich jetzt nicht versteh?
Seit Stunden such den Fehler ich:
Mal läufst du und wennst sollst dann nich'!

Um Vier Uhr dreiundvierzig ist dann alles gut.
Familie längst zurück und schläft, Frau hatte Wut.
Und ich kann endlich friedlich schlafen gehen.
Eine Freude ist es jetzt das Ding so laufen zu sehen!
Doch irgendetwas hält mich jetzt zurück.
Ich weiß ja, wenn ich mich jetzt in das Bett verdrück.
Dass eine Sekunde drauf etwas passiert:
Am besten wär's wenn man noch schnell was installiert!

Was? Wie? Nein das kann nicht stimmen, nein!
Ich will jetzt nicht in diese weiße Jacke rein!
Ich war sicher nicht vier Tage ohne Pause am PC!
Wobei ich besser jetzt mal nicht auf den Kalender seh'!
Die Gummizelle ist seit Tagen mein Zuhaus'.
Wenn's schön ist, darf am Nachmittag ich mal kurz raus.
Am Sonntag kommt Besuch, so sagt man mir zum Trost:
Ich wartete, sie kamen nicht, was war da los?

Mein PC, ach mein PC!
Wenn ich nicht da bin tust wem andern weh.
Familie wollte mich besuchen.
Am Sonntag in der Klapse mit Kaffee und Kuchen.
Das Auto lief, nur wollte sie
die Mails noch checken, man weiß ja nie.
Und wie das ausgeht liebe Leute,
das wisst ihr spätestens seit heute!

Als Satiriker lebt man gefährlich. Vor allem, wenn man auch vor Mohammed nicht Halt macht. Wie soll man aber auf das Abschlachten von Satirikern reagieren wenn nicht mit Satire? „Je suis Charlie!" gilt in dem Falle auch für mich.

Peter Cornelius hatte vor langer Zeit, als der Islamismus noch genauso wenig ein Problem war wie die Verhetzung durch weit rechts stehende Politiker, einen großen Hit mit *"Du entschuldige ..."*

Du entschuldige

Wenn ich so a bissl ins Internet schau,
schon wieder verspott' uns da so eine Sau.
Sie nennen's Satire, doch wir nehmen das sehr persönlich.
Man darf den Propheten halt nicht karikiern.
Uns Gläubige muss das gehörig verstörn.
Da sinnen nach Rache wir dann einfach ganz unversöhnlich!
Im Westen, die sind dekadent und so schwach.
Wir Gläubige lösen Probleme mit Krach!
Mit Messer und manchmal auch ganz einfach schnellschusspatrönlich!
Dazu rufen wir "Gott ist groß!" nochmal laut.
Dann ziehen wir sie ihnen ab ihre Haut!
Mit Messer und Uzi, so lösen wir das halt gewöhnlich.

Du entschuldige, ich schieß jetzt!
Nimm es nicht so tragisch,
wenn das Blut dir spritzt und das Hirn.
Ich verteidig' meinen Glauben.
Turban statt der Hauben
trag' ich da mit Stolz auf der Stirn.
Mein Imam der sagte gestern:
"Mach es wie im Western!
Damit tust du ein frommes Werk!"
Wenn ich morde, töte, kille -
Ungläubige viele -
Satiriker bestellt mal die Särg'!

Es ist wie es immer und überall ist:
Einer der predigt, der Rest glaubt den Mist.
Der Prediger, der sitzt im Warmen - die Dummen, die sterben.
Ob Moslem, ob Nazi, ob Jude, ob Christ.
Jihad, Holocaust, Siedlung, Kreuzzug - es ist
doch immer das Gleiche, sie schicken den Depp ins Verderben.
Dabei wäre es eigentlich gar nicht so schwer:
Statt Hasspredigt etwas mehr Bildung, das wär'
der Grundstock zum Frieden für uns und für unsere Erben.
Lasst jeden das glauben, was ihm richtig scheint.
Damit keine Mutter mehr Söhne beweint.
Dafür sollten Prediger immer und überall werben!

Du entschuldige, ich schieß nicht!
Weil ich lieber denke.
Und weil schießen unethisch ist.
Ich lass dir jetzt deinen Glauben
und du lässt mir meinen.
Weg mit der Gewalt, das ist Mist!
Lang genug da war'n wir Werkzeug
für die, die uns lenkten.
Es wär' gut, wenn's niemand vergisst.
Doch jetzt reicht es: Nie mehr Kälber!
Soll der Imam doch selber
sich schlachten, wenn es gottgewollt ist.

Du entschuldige, ich lach nun,
Wenn du einen Witz machst,
weil Satire mir nichts mehr macht.
Keiner der mir sagt: "Das musst tun!
Weil es gottgewollt ist!"
Morgenrot vertreibt die geistige Nacht.
Einen Traum darf man wohl haben,
während sie die Gräber graben.
Für die Opfer der letzten Nacht.
Leider kommt jäh das Erwachen.
Vertreibt mir schnell das Lachen,
wenn es mal wieder irgendwo kracht!

Udo Jürgens "*Griechischer Wein*" ist ein Lied, das für mich sehr viel Atmosphäre hat. Eigentlich (sic!) ein Frevel, es mit einem anderen Text zu versehen. Aber jetzt zu Schulanfang sieht man wieder überall die Guccigestylten Tussi-Muttis auf ihren 12 Zentimeter Heels hochwichtig zu den Lehrern stöckeln, damit ihr Nachwuchs mal bessere Noten bekommt, als sie selbst je hatten. Gilt natürlich auch für die hochnotpeinlichen Managerpapas, die stehen den Mamis in nichts nach. Aber interessant ist es schon, dass zum Beispiel in der Schule meiner Zwillinge, 19 von 23 Klassenelternvertretern Frauen sind. Woran liegt das? Haben die mehr Zeit oder sind sie einfach engagierter als ihre nichtsnutzigen Männer, die außer Arbeit und Fußball nichts im Sinn haben und sich vor der erzieherischen Verantwortung drücken, wo sie nur können?

Okay, ja, nennt mich einen Macho und Chauvinisten. Ich bin das schon gewohnt. Was kümmert es eine zweihundertjährige Eiche, wenn ihr ein Pinscher an den Stamm pinkelt? (In Facebook würde hier jetzt ein lachender Smilie stehen, um anzuzeigen dass ich das jetzt nicht so ganz ernst gemeint habe. Aber das Wesen der Ironie ist, dass sie sowieso immer von den genau richtigen falsch verstanden wird.)

Sie kriechen hinein

Es war vor kurzem, als ich die Kinder in die Schule bring'.
Da seh' ich sie mit dem Blumenstrauß, wie sie zum Lehrer ging.
"Ein schönes Schuljahr und der Strauß da ist für Sie!"

Als ich noch schaute, da kam schon hinter mir die nächste Frau.
Die gab dem Lehrer eine Flasche Wein, und ich sah ganz genau.
Und meine Kinder fragten mich: "Was gibst du ihm?"

Sie kriechen hinein
in den Arsch der Lehrer.
Denn es könnt' ja mal sein:
Man bedarf der Güte derer.
Dann ist es gut,
wenn man beliebt ist.
Und wer denkt,
ja der schenkt!

Am Montagmorgen da ruft den Chef um Acht ein Fremder an.
Vom Polizeisportverein sagt er und es läg' ihm daran,
ein kleines Inserat wär nett und billig auch.

Verpflichtung wär' das natürlich keine, und wenn er's nicht will,
wär' er für dieses Jahr dann sicher auch mucksmäuschenstill.
Und die Kollegen von der Polizei ... ähm .. auch.

So kriecht er hinein,
und fragt ihn gleich nach dem Konto.
Chef wird ganz klein,
und er überweist jetzt pronto.
Mit dem Verein,
da legt man sich
besser gar nicht an,
wenn man kann.

Ich kriech nicht hinein!
Ganz egal in welchen Hintern.
Das lass' ich sein.
Und lass dort gern überwintern,
wem es gefällt.
Aber ICH bin aus 'nem ander'n Holz.
Ich hab' Stolz.

Ulrich Gruber schlug mich mit einem Zaunpfosten auf den Kopf, weil
Winken allein nicht reichte. Er meinte damit wohl, es wäre hoch an der

Zeit, wieder einmal ein Lied vom „Woiferl" zu ruinieren. Zum Beispiel "*Es lebe der Zentralfriedhof*".

Nun denn - eine rabenschwarze, verbale Ordensverleihung an alle U-Bahn-Leitstände in Wien, die bald die Lokführer ersetzen werden, was man so liest.

Es lebe der Zentralleitstand

Es lebe der Zentralleitstand, samt Zugkontrollsystemen.
Die Zugführer, die braucht man nicht,
kein Grund, sich da zu schämen.
Die Fünfer U-Bahn fährt allein, die ganze lange Nocht.
Wobei der Fahrgast aber trotzdem noch a Zugfahrkarte braucht.

Am Bahnsteig stehn sie nach wie vor, und warten auf die U-Bahn.
Statt "Zug fährrrrt ab!" ertönt ein Pieps,
schnell g'wöhnt man sich auch daran.
Da schmeißt sich einer vor den Zug, der rasselt einfach drüber.
Kein Zugführer, der bremsen tät, wurscht, der ist eh hinüber.

Ja am Karlsplatz da ist Stimmung, wia sein Lebtag nu net war:
Am Gleis der 5er pickt des Bluat,
durch die Luft fliagn a paar Haar.

Es lebe der Zentralleitstand, ein Fahrgast drückt das Knopferl.
"Da hat sich einer demontiert, am Gleis da rollt des Kopferl.
Könnt's net de Pompfinewara
mal schnell zum Karlsplatz schicken?
Damit am Bahnsteig net de Schuach
vom Bluat so furchtbar picken!"

Es lebe der Zentralleitstand, der Rechner meldet trocken:
"Ihr Anruf wurde registriert!", a bissl tut das schocken.
"Der Leitstand ist grad unbesetzt, wie immer Samstag/Sonntag.
Ihr Anliegen bearbeiten wir gleich ganz früh am Montag!"

Ja am Karlsplatz da ist Stimmung, wia sein Lebtag nu net war:
Am Gleis der 5er trickat's Bluat,
zwischen Knochen, Fleisch und Haar.

Es lebe der Zentralleitstand, die Zeiten sind Geschichte.
Ma schmeißt si nimmer vor den Zug, man wählt nun besser lichte
Höhen wie den Donauturm, und hüpft von oben runter.
Im Lift da hört der Selbstmörder den Leitstand, der sagt munter:

"Dieser Lift fährt automatisch, keiner der ihn kontrolliert."
Drauf wird er ganz apathisch, weil er'd Todeslust verliert ...

Udo Jürgens' Lied "*Mit 66 Jahren*" war in seinen letzten Lebensjahren für
ihn praktisch eine nostalgische Kindheitserinnerung. Ich hab' da ganz
andere Probleme, seufz:

Mit 66 Haaren

Mit achtzehn war ich lockig,
der Führerschein beweist's!
Heut bin ich nur noch rockig,
das Haar ist abgereist.
Oho, oho, oho!

Das Kämmen ist symbolisch.
Gewohnheit könnt man sagen.
Man schaut ganz melancholisch.
Und möcht' darüber klagen.
Oho, oho, oho!

Doch spart man auch viel Kohle
an Haarspray und Shampoo.
Kriegt ganz neue Idole,
Bruce Willis oder so.

Mit sechsundsechzig Haaren,
da fängt die Glatze an.
Mit neunundvierzig Jahren
erwischt es manchen Mann.
Mit sechsundsechzig Haaren
versteckt man sich dann nicht.
Mit sechsundsechzig - da hat Platz das Gesicht!

Ich fuhr grad mit dem Wagen
und suchte ne' CD.
Hör's neben mir einschlagen.
Es war wohl ein VW.
Oho, oho, oho!

Blieb stehen, helfen wollt ich.
Da brüllt der Kerl mich an.
Ne Mütze tragen sollt' ich.
Meint dieser Blödian.
Oho, oho, oho!

Die Spiegelung der Sonne,
die hätt' geblendet ihn.
Weil ich so unbesonnen
und glatzenglänzend bin.

Mit sechsundsechzig Haaren
Da ist man 'ne Gefahr!
Mit sechsundsechzig Haaren,
da ist man untragbar.
Mit sechsundsechzig Haaren,
da blendest den Verkehr.
Mit sechsundsechzig - da gibt's keine Gewähr!

Wenn ich im Studio knipse,
und ich brauch mal kurz Licht.
Dann neig ich die Ellipse.
Viel mehr braucht es da nicht.
Oho, oho, oho!

Wer braucht schon Reflektoren?
Sind teuer und recht groß.
Das zwischen meinen Ohren,
das reicht selbst für Kate Moss.
Oho, oho, oho!

Und will ich es mal dunkel,
romantisch und verzückt.
Dann wird das Denkfurunkel
ganz einfach schwarz berückt.

Mit sechsundsechzig Haaren,
da ist man besser dran.
Mit sechsundsechzig Haaren,
da braucht man keinen Kamm.
Mit sechsundsechzig Haaren,
da ist man nicht gestraft.
Mit sechsundsechzig - ja da hat man's geschafft.

Das war jetzt eher was Lustiges, ich kann aber auch ernst sein. Das Vorrecht der Ironie und des Sarkasmus ist es, auch ernste Themen so aufzubereiten, dass die Leute zumindest darüber nachdenken. Wenigstens einige, so hoffe ich.

Der Vorschlag mit dem Hans Albers ließ mich nicht los. *"Auf der Reeperbahn nachts um halb eins"* ist ja ein Seemannslied. Also ruinieren wir es nicht gänzlich, sondern bleiben beim Thema.

Auf dem Schlepperkahn

Silbern klingt und springt die Heuer.
Heute geht die Reise los.
Von Libyen ist's ganz schön teuer.
Die Schlepper wollen ganz schön Moos.
Ich seh' das Boot im Morgengrauen.
Einladend sieht es nicht aus.
hab' keine Wahl, ich muss mich trauen.
Auf's Mittelmeer hinaus.

Denn meine Familie - die setzt auf mich, die hol' ich nach.
Und mich treibt der Wille, sie zu retten, nach und nach.
Wenn ich mal in Europa bin, rufe ich euch gleich an.
Weg vom Krieg in ein sich'res Land, das wird schön.

Auf dem Schlepperkahn nachts um halb eins.
Hast ein Schwimmwesterl oder hast keins?
Wenn er kentert dann
zieh die Weste an!
Auf dem Schlepperkahn nachts um halb eins.

Wer noch niemals die Seele verkauft
Auf dem Mittelmeer, bis er ersauft.
Kennt nicht diese Angst,
wennst ums Leben bangst.
Auf dem Schlepperkahn nachts um halb eins.

Eine Stund' vor Lampedusa,
werfen sie uns dann ins Meer.
Für die sind wir alle Looser,
auf die verzichtet man nicht schwer.
Wer nicht schwimmt ist Haifischfutter,
Hauptsache er hat bezahlt.
Für den alten Schlepperkutter,
so macht das dieser Schlepper halt.

Von der Küstenwache aufgegabelt, jedenfalls gut zehn Prozent.
Die and'ren von den Fisch' geschnabelt, ein ziemlich' traurigs End'.
Wenn ich mal in Europa bin, rufe ich euch gleich an.
Weg vom Krieg in ein sich'res Land, das wird schön.

Auf dem Schlepperkahn nachts um halb eins.
Hast ein Schwimmwesterl oder hast keins?
Liegst im Wasser, Mann!
zieh die Weste an!
Auf dem Schlepperkahn nachts um halb eins.

Die Politiker wollen uns nicht.
Auf die Asys man gerne verzicht.
Schickt man dann zurück
in das Heimatglück.
Auf dem Schlepperkahn nachts um halb eins.

Auf besonderen Wunsch von Ulrich Gruber (schon wieder!) habe ich eine Ikone des österreichischen Showbusiness geehrt. In welchem *"Kleinen Beisl"* Peter Alexander jetzt auch sitzen mag, ich hoffe er kann seine Zeche bezahlen – und er wird froh sein, dass er die sich ständig verschlechternde Situation in diesem unserem Lande nicht mehr miterleben muss. Ich könnte mich immer wieder aufregen, wie und von wem mit unserem Geld allerhand Schindluder getrieben wird. Wie lange das wohl noch gutgehen kann? Brauchen wir in Österreich wirklich 23 Krankenkassen und Hunderte Landes- und Bezirksverwaltungen, alle Posten schön nach dem Proporz doppelbesetzt? Sind 190 Millionen Euro Parteienförderung pro Jahr wirklich nötig?

Aber mit Humor erträgt es sich vielleicht ein wenig leichter. Was die im Lied vorkommenden Parteifarben betrifft: Es sind einfach alle gemeint. Ging sich nur leider reimtechnisch nicht anders aus.

Die kleine Pleite in unserem Lande

In Kärnten scheint für die Touristen die Sonne.
Die Bänker sind in Panama.
Ein Rentner schmeißt Anleihen grad in die Tonne.
Die von der Hypo kauft keiner mehr da.
Der steirische Geldadel reibt sich die Hände.
Der Spindi vergisst keinen Freund.
Bezahlen tun's ja doch die Kleinen am Ende.
Statt des Bonzen der Kleinrentner weint.

Die kleine Pleite in unserem Lande:
Da wo die Macht noch den Reichen gut schützt.
Die Ermittlung verläuft hier im Sande.
Und jeder weiß, wem die Pleite da nützt.

Der Opa, der braucht eine Dauerbetreuung.
Die Pflege kost' ein Heidengeld.
Bezahlt hat ein Leben er's mit der Besteu'rung.
Um sein Recht wird er jetzt noch geprellt.
„Die Regierung muss sparen!“, sagt uns der Minister.
Die Hypo belastet uns hoch.
Und hinten da nimmt er das Schmiergeld. Philister!
Dem Volk bleibt mal wieder das Joch.

Die kleine Pleite in unserem Lande:
Risiken trägt hier nur der kleine Mann.
Reich und mächtig verbinden die Bande.
Ja, die sind schon ein feines Gespann.

Die Roten, die Schwarzen, die Blauen: Gesindel!
Die Farbe ist hier ganz egal.
Denn geht's mal ums Geld, farbenblind ist der Schwindel.
Da verschwindet dann jede Moral.
Bei so vielen Farben und Ideologen,
da hätten wir Recht und auch Grund:
Wen wundert's wenn dann auch mal hochgeh'n die Wogen,
und jemand sie prügelt ganz bunt.

Die kleine Pleite in unserem Lande:
Irgendwann wurde es doch mal zu viel.
Und man verjagt diese elende Bande
aus dem Alpenkorruptionsdomizil.

Wie soll man ein Lied ruinieren, das man gar nicht ruinieren kann? Noch oberflächlicher und dämlicher wie das Original geht es nämlich gar nicht!

Aber es hatte einmal den Songcontest gewonnen! Vermutlich, weil es so dämlich war. Nicole sang damals "*Ein bisschen Frieden*". Und Ralph Siegel sagte: "Wenn das Lied nicht gewinnt, mache ich nie wieder mit!"

Das wäre Motivation genug gewesen, es nicht gewinnen zu lassen, eine vertane Chance!

Ein bisschen sieden

Wie eine Suppe am heimischen Herd.
Und wie die Würstel, die man gern verzehrt.
Wie Frühstückseier, die ich gar nicht mag.
So koche ich jeden Tag.

Ich sehe Plakate, sie steh'n überall.
Im Herbst ist bei uns wiedermal eine Wahl.
Ich lese den Unsinn, werd' rot wie ein Krebs.
Wie dumm, glaubt man, ist der Plebs?

Ein bisschen sieden und dann einkochen
will man uns Wähler in diesen Wochen.
Ein bisschen sieden, dann wird gewürzt.
wenn ich den Mist les, bin ich bestürzt!

Ein bisschen sieden auf kleiner Hitze.
Am Stammtisch noch ein paar derbe Witze.
Ein bisschen sieden, ein wenig braten.
Was man so vorhat wird nicht verraten.

Ich weiß, meine Lieder, die ändern nicht viel.
Nur dass mancher nachdenkt, das wäre das Ziel.
Das Denken verbieten, das lass ich mir nicht.
Da wird sonst auf viel verzicht'!

Ein bisschen sieden, ein wenig hetzen.
Man darf die Würde schon mal verletzen.
Ein bisschen sieden, ein bisschen Schleim.
Das mag der Wähler ganz ungemein!

Ein bisschen sieden und ein paar Sprüche.
Tief die Instinkte, braun die Gerüche.
Ein bisschen sieden und etwas Hass
bringt Wählerstimmen, drauf ist Verlass!

Lüg' mich an! Ich glaube Dir!
Im Wahlkampf gibt es freies Bier!

Vor kurzem zeigte mir mein iPhone in enger Zusammenarbeit mit meinem PC auf, wie abhängig man von dem Mist wird. Frauen, ihr glaubt, ihr seid von *Männern* abhängig, wie Grönemeyer damals sang? No way, ihr seid von euren Smartphones abhängig wie früher Manager von ihren Filofaxen!

Smartphones

Smartphones regeln das Leben.
Smartphones geben Dir Sicherheit.
Smartphones managen Termine.
Smartphones hat jeder weit und breit.

Smartphones sind so verletzlich.
Smartphones sind einfach unersetzlich!

Smartphones bestellen Pizza.
Smartphones wecken mich morgens auf.
Smartphones zeigen mir den Weg,
wenn ich um Semmeln zum Bäcker lauf.

Smartphones sind alle Zeit zur Stelle.
Smartphones sind meine Infoquelle

Ohne Smartphones da hätten wir's schwer.
Ohne Smartphones fänd ich gar nichts mehr.
Wir werden als Kind schon darauf geeicht.
Ohne Smartphone bist du kein Mensch!

Smartphones zahlen beim Parken
Smartphones ersetzen uns das Geld.
Smartphones mähen das Gras im Garten.
Smartphones regieren die halbe Welt.

Smartphones helfen, das weiß man eh.
Apples are keeping the doctors away ...

Smartphones öffnen dir Türen.
Smartphones filmen und knipsen gern.
Mit Smartphones kann man verführen
Smartphones machen aus einem Mann nen Herrn!

Doch verlierst du das Phone, oh nein!
Dann bist du auf dieser Welt allein.
Darum sagte mir der Doc: "Ich verschreibe
dir jetzt ein Telefon mit Wählscheibe!"
Ein Telefon mit Wählscheibe.
Ein Telefon mit Wählscheibe.
Ich frag das Smartphone, wo ich's auftreibe ...

Meine Freunde bringen mich immer wieder auf Ideen, welche Lieder
noch des textuellen Abrisses harren. So auch hier. Und ich musste hier

nicht einmal den Titel ändern (nur den Text). Georg Danzer hat mit dem *Nackerten im Hawelka* (das Lied heißt eigentlich *„Jö schau!"*) einen absoluten Evergreen der österreichischen Liedermachergeschichte hinterlassen. Ich möchte diesen Großen des Austropops damit ehren, dass ich den Text in unsere Zeit transferiere. Über einen spärlich bekleideten Cafebesucher würde sich ja niemand mehr aufregen. In Facebook sieht die Sache etwas anders aus. Wehe, hier wird ein nackter Nippel sichtbar! Das Thema kam ja schon in einem anderen Lied vor, woran man sieht, dass es mich einfach nicht los lässt. Sicher nur eine frühkindliche, ödipale Fixierung, nichts Ernstes.

Auch dieses Lied kann man natürlich nur im Wiener Dialekt singen.

Jö schau

Neilich post I do auf Facebook ein Modell.
Des Büd war harmlos bis auf eine nackte Brust.
Es war kaum oben, da kriag i a schon des Mail:
"Des is a Wauhnsinn, was du da grad jetzt so tust!"

A User hot mi gmödt, und i waass a scho wer.
A Ami war's, a so a Ex-Marine.
Auf seina Seiten siecht ma Tote, er mi'n G'wehr.
Lauter Bluat und er lodt's Magazin.

Jö schau, a so a Sau, Jessas na!
Der postct Nippel da, der Facebookaaaaa!
Ge wui, aber pfui, meina Sööö!
Der soll si schleichen da, und zwar ganz schnö!

Ane schreibt: "Skandale!
Jetzt moch i an Randale!
So a Chauvinistensau!
Büda von a nackten Frau!"

Jö schau, a so a Sau, Jessas na!
Der postet Nippel da, der Facebookaaaaa!

I hob' des Foto weg, dafür a Bleamlbüd.
Da kann jetzt kana mehr wos sog'n.
Da siag i auf so ana Seit a Hitlerbüd
Und denk ma, na den werd' i jetzt vaklogn.

I meld den Nazi glei amoi bei Facebook, weil
sowas geht doch wirklich auf kan Foi!
Die Antwort die i kriag, ja de is wirklich geil.
I brauch a Zeitl bis i's endlich schnoi:

„Jö schau, kan Radau, ka Problem!
Das Bild ist ganz legal, in alledem.
Ge wui, aber pfui, wäre nur:
Säh' man an Nippel da auf der Figu-hur!"

Wir machen da ka Ausnahm'.
Das Bild ist ja nicht grausam.
Es zeigt ja nur an alten Mann,
der hier nichts mehr anrichten kann ..."

Jö schau, mach Dir klar, es is wahr:
Außer nackt ist alles zumutbar!

"Smooth Operator" von Sade war der Hit des Jahres 1985. Das war das Jahr, in dem ich in der HTL Wels maturierte, also meine angebliche Reife erreichte. Handwerklich war ich ja noch nie sehr begabt, was ich anrührte wurde eher ein ...

Pfusch, so a bleder!

Hämmerchen - zwa linke Händ.
I hau Nägel immer mit dem Daumen in die Wänd.
Bild hängt schief - Frau schimpft laut.
Und ich hol mir jetzt ein Pflaster weil der Daumen blaut.

Hätt' Gott gewollt, dass ich mit Händen schaff,
Hätt' gemacht er Daumennägel tough.
Und darum sag ich zur Frau jetzt scharf:

Scheiß auf des Büd!
Des is a Pfusch, so a bleder!
Pfusch, so a bleder!
Pfusch, so a bleder!
A pfusch, so a bleder!

Hausumbau, mit Fachmann nur, es kummt a Bsuff und sein Lehrbua.
Garagentür, geht falsch jetzt auf, I sag zu eam: "Wenn ma dauernd sauft!"

Da sagt er entrüstet und zerstört:
"Wenn da Chef beim Planen halt nie auf mich hört!
I hab' ihm gsagt, die Türe ist verkehrt!"

Chef sagt:
"Fang an und Gusch bist jetzt Peda!
Gusch bist jetzt, Peda!
Gusch bist jetzt, Peda!
Gusch bist jetzt, Peda!

Es ist wurscht, ob Fachmann, ob Pfuscher, gleicher Mist.
Nur dass beim Pfuscher meist um a Eckal büllicha ist!

Und deswegen
Pfuscht halt a jeder.
Pfuscht halt a jeder.
Pfuscht halt a jeder.
Wer net pfuscht, der is bleder!

Es pfuscht halt a jeder!
A so a Pfusch so a bleder!
Husch husch, na es geht ja!
A so a Pfusch so a bleder!

"*Es gibt Tage, da wünscht' ich, ich wär' mein Hund*" ... Reinhard Mey, wie kann man so irren? Hunde haben's schwer, ein wahres Hundeleben. Da gibt es wesentlich privilegiertere Schichten!

Der Anstoß kam wieder von Facebookfreunden, danke!

Es gibt Tage, da wünscht' ich, ich wär' ne Frau

Es gibt Tage, da wünscht' ich, ich wär' ne Frau!
Ich läg faul auf meinem Sofa und säh' mir mitleidig zu,
wie ich Frühstück mach, mit Kaffee und Kakao.
Und verdrossen von dem Schauspiel,
legt' ich mich zurück zur Ruh'!

Denn ich hätt' zwei Interessen:
Erstens schlafen, zweitens essen.
Und am Vormittag kauf' ich mir neue Schuh.
Gib' mir nur die Visakarte!
Jetzt mach' schnell, weil ich schon warte.
Sonst sperrt der den Laden glatt noch vor mir zu.
Ja, das Leben wäre wenn ich so drauf schau:
Schon ganz nett, wär ich nicht ich, sondern ne Frau.

Es gibt Tage, da wünscht' ich, ich wär' ne Frau
Würd' um acht, wenn ich dann weg bin eine Freundin kontaktier'n.
Und da wird getratscht, ob rosa oder blau
zu den neuen Stiefeln passt und, ja das kann schon irritier'n.

Diese Fragen, die sind wichtig!
Und der Haushalt der ist nichtig!
Denn den macht der Mann am Abend sowieso.
Und am Nachmittag zum Yoga
in der neuen Fittnesstoga.
Dieser Stress macht mich nochmal total k.o.
Nach vier Aperol ist mir im Magen flau.
Man hat es schwer, ist man ne viel beschäft'ge Frau!

Es gibt Tage, da wünscht' ich, ich wär' ne Frau!
Denn die Männer wissen gar nicht, was wir alles für sie tun.
Und drum sagt' ich's mir dann am Abend ganz genau.
Auch wenn ich nach einem Arbeitstag die Bitte hätt' zu ruh'n.

„Lieber Mann, wir müssen reden!
So über Sport und Kleiderläden
Und was sonst so meine Tage halt bestimmt.
Ruhen kannst du auch danach noch!
Jetzt spiel bitte noch den Chefkoch!
Denn ich bin zum Kochen leider nicht getrimmt.
Ich hätt' jetzt zum Essen gern Chateaubriant.
Danke Schatz, danach bin ich dann deine Frau.“

Es gibt Tage, da wär' ich gern meine Frau!
Würd' Salat und Obst dann essen, denn ich wäre auf Diät.
Doch mein Mann, der wüsste dann wohl ganz genau.
Dass so etwas auf die Dauer mir auf meine Laune geht.

Er würd' mich dann brav hofieren.
Und mir Chefsalat servieren.
Damit ich mich nicht mehr allzu sehr kastei'.
Und ich würd' zu seinem Wohle
abnehmen ihm dann die Kohle.
Und Schuhe kaufen, ja ich wäre wohl so frei.
Und er würd' schweigen, weil kein Mann sich jemals trau'
zu kritisieren, wenn sie hungrig ist, die Frau!

Es gibt Tage, da wär' ich gern meine Frau!
Doch dann bin ich mit den Kumpels einmal wieder länger weg.
Und dann weiß ich auf einmal wieder ganz genau:
Auch als Mann ist es nicht schlecht,
wie ich beim vierten Bier jetzt check.

Soll sie raunzen, lamentieren
und im Bett auf allen Vieren
ihre weiblichen Vorzüge spielen aus.
Ich hab' und kriege keine Brüste!
Und wenn sie nur einmal wüsste,
wie's als Mann ist, dann rief sie ganz laut heraus:

Ach mein Gott, am liebsten wär' ich irgendwann:
So frei und wunschlos glücklich wie mein Ehemann!
So frei und wunschlos glücklich wie mein Ehemann!

Das Lied "*Maschine brennt*" war Falcos Song nach dem Kommissar. Für meinen Geschmack ist es fast besser als der Kommissar. Aber nicht zu gut, um es nicht zu verbösern. Dafür muss eine fiktive Sabine herhalten, damit es sich phonetisch ausgeht. Also Sabines, seid mir nicht gram, bitte!

Wer sich in diesem Lied selbst erkennt, überweist mir die Therapiekosten bitte auf mein Konto!

Sabine pennt

Wenn er net so müde wär, entsetzlich prüde wär
Er würd's verführen ohne End'.
Doch seine Frau, die schnarcht, dass man nichts machen kann.
Auch wenn es in der Hose brennt. Ja, ja check it out!

So legt er sich dazu und schließt die Augn im Nu.
Daneb'm im Glasl schwimmen seine Zähnd.
Und er schläft schließlich ein, das Leben ist gemein.
Er war so geil aber Sabine pennt!

Am nächsten Morgen bald, der Wecker heftig schallt.
Die Arbeit ruft, das tun auch seine Lend'
Er küsst sie auf den Mund, doch das ist ungesund:
Denn sie ist unwirsch, die Sabine pennt!

Schnell trinkt er den Kaffee, geht raus, schon wieder Schnee!
Kratzt den Wagen ab, der Motor rennt.
Er schafft die Kohle ran, damit sie schön sein kann.
Doch hat er nix davon, Sabine pennt!

Au, stop, retour!
I hass de blede Kuah!
Oh oh oh oh oh - oh oh yeah!
Au stop, Moment!
Weil's in der Hose brennt!
Das ist kein Wunder, weil:
Sabine pennt!

Es ist zehn nach zehn, Zeit wär' es aufzustehn.
Und weil die Blase drückt, sie sogar rennt!
Setzt das Wasser auf und dreht die Platte rauf.
Für den Kaffee, den braucht sie im Moment.

Sie setzt sich kurz noch hin. "Weil ich so müde bin."
Während ihr am Herd das Zeug anbrennt.
Feuer überall, gasexplosiver Knall.
Doch sie merkt es nicht, Sabine pennt!

Au Stop, retour!
Wo is der Löscher nur!
Oh oh oh oh oh - oh oh yeah!
Au Stop, Moment!
Die Arme glatt verbrennt!
Einmal zu oft halt galt:
Sabine pennt!

Au Stop, Krawall!
Es lockt die Höllenqual.
Oh oh oh oh oh - oh oh yeah!
Au Stop, Moment!
Denn wer die Hölle kennt:
Aus ist's mit schlafen, weil,
Sabine brennt!

Janis Joplin wollte damals von Gott einen "*Mercedes Benz*". Wohin sie das gebracht hat, ist bekannt. Sie starb mit 27. Okay, vielleicht wäre sie in einem Ford nicht einmal 27 geworden. Weiß man nie. Und die Sicherheit der Autos hat sich seit damals ja deutlich verbesset.

Ich möchte aber gar kein Luxusauto, ich hätte viel lieber von unseren Obermackern mehr Transparenz.

Mehr Transparenz

Liebe Regierung, gebt uns Transparenz!
Wohin unser Geld fließt, das ihr da verschwendt's.
Die Schulden, sie steigen von Sommer bis Lenz.
Wir wollen jetzt endlich etwas Transparenz!

In Kärnten, da fördern sie Zeltfeste auch.
Das Geld, das ist da, man erhalte den Brauch.
Apparatschiks die fressen sich an ihren Bauch.
Greift ruhig in die Töpfe, für Eigengebrauch.

Die Bauern kassieren fast für jeden Mist
aus den Fördertöpfen, weil das halt so ist.
Red Bull kriegt am meisten, damit ihr das wisst.
Wozu leistet man sich auch den Top-Lobbyist?

Die Lehrer, so las man, muss man motivier'n.
Mit Gratisliftkarten, ich kann's nicht kapier'n.
Ein Skikurs als Arbeit geht mir nicht ins Hirn.
Ist Schule dann Urlaub? Tja, analysier'n!

Liebe Regierung, gebt uns Transparenz
Wohin unser Geld fließt, das ihr da verschwendt's.
Ich denk an die Schulden, die Zukunft und tränz'.
Und ihr packelt weiter, ihr elenden Schwänz'!

Wer kennt nicht *"Candle in the Wind"* von Elton John? Er schrieb es damals für Norma Jean Baker, besser bekannt als Marilyn Monroe. Später hat er es für die tote Prinzessin Diana umgeschrieben.

Ich schreibe es für einen Bauern um. Der hat mitten im Ort einen schönen, großen Saustall gebaut, damit alle eine Freude haben.

Schweindln bringt der Wind

Good bye gute Luft!
Schön war's hier am Land so lange Zeit!
Doch vorbei ist's.
Es stinkt nun weit und breit.
Der Bauer hat gebaut jetzt.
Einen Stall für tausend Schweinchen dick.
Ganz ohne Verhandlung.
Doch wehe dem der zickt!

Sowas geht am Land, und wir haben jetzt den G'ruch von
Schweindln mit dem Wind.
Wenn es schön ist, stinkt's besonders, und am Wochenend'
da öffnet er die Fenster gern, weil er ja einfach find',
dass jeder es genießen soll: Mann, Frau und auch Kind.

Der Bürgermeister sagt
"Franzl bau halt los, das krieg'n wir schon!
Mit der Genehmigung, da ist's nicht genau!"
"Schaff die Fakten schnell!
Wenn sich dann noch wer aufregt?
Meiner Seel'!
Ja, dann sag' ich:
Na, das ist halt so am Land!"

Sowas geht am Land, und wir haben jetzt den G'ruch von
Schweindln mit dem Wind.
Wenn es schön ist, stinkt's besonders, und am Wochenend'
da öffnet er die Fenster gern, weil er ja einfach find',
dass jeder es genießen soll: Mann, Frau und auch Kind.

Wenn man den Bauern fragt,
Was er sich da denkt, wenn es so stinkt
Sagt er nur schnippisch:
"Na, das Bratl frisst ja auch!"
Dann sitzt er am PC.
Denn das mit der Förderung, weißt eh,
ist nicht so einfach.
Und er braucht das Ferkelgeld.

Sowas geht am Land, und wir haben jetzt den G'ruch von
Schweindln mit dem Wind.
Wenn es schön ist, stinkt's besonders, und am Wochenend'
da öffnet er die Fenster gern, weil er ja einfach find',
dass jeder es genießen soll: Mann, Frau und auch Kind.

STS hatten wir noch nicht, oder? Im Sinne einer Fortsetzung von "*66 Haare*" kommt jetzt das lange erwartete Remake von "*Fürstenfeld*". Was für ein ewiger Hit auf Zeltfesten und ab 1,5 Promille Blutalkohol aufwärts! Ich mag es aber auch im nüchternen Zustand recht gern, nur fällt mir da der Text nie ein, und dann passiert sowas wie unten.

Stellt euch den steirischen Dialekt einfach vor. Wenn ihr oder euer Nachbar einen Hund habt, hört ihm beim Bellen zu, dann seid ihr schon mal ziemlich nahe dran. Wenn nicht, dann müsst ihr wohl oder übel den Weg über die 1,5 Promille gehen oder einen Urlaub in der grünen Mark buchen. Leider sponsert die Österreichwerbung mich trotzdem nicht bei der Verlegung dieses Buches ☹

Das Bürstl föht!

Langsam hat de Nocht a End', a neicha Tog bricht an.
Voller Energie steht ma jetzt auf, heit zah' ma wieda au!
Heut mach' i was für das BIP, i gfrei mi auf's Büro.
Aus da Hapfn in die Schlapfn, jetzt nu schnö auf's Klo.

Schau in Spiagl, kenn i den? Wer is des, na, is wurscht.
De Zähnd putz i eam trotzdem, es is jo a fescher Bursch.
Jetzt nu gach an klan Kaffee, und ab geht's in de Hockn.
Jessas na frisiern muass i jetzt a nu schnö de Lockn.

Meine Haar de san a Graus!
Wia schau i jetzt wieda aus?
Jeden Tog am Morgn der Kas.
Dauerwellen san a Schas.

Ja es is zum Narrisch wern!
I könnt glatt hysterisch plärrn.
Mit dem Kamm kummt ma net durch.
Weshoib i jetzt des Bürstl suach.

De Zeit vergeht, i find es net.
Wenn i nur mei Bürstl hätt!
So kann i net ins Büro.
De Lockn san a Fiasko.

Und i suach und suach, im Kastl, unterm Buach.
Des is jetzt wirklich blöd - aber ja, des Bürstl föht!

Nach zwa Stund' hab' i an Plan.
Bevor i do jetzt suach und wan,
hol i mir jetzt halt de Scha.
Und dann werd' i a Glotzada.

De Lockn foin, de Haar san weg.
Und am Boden liegt der Dreck
I denk mir „Ma do schaut's aus!
So geht des net, der Dreck g'hört raus."

Es muass sauber wern - i brauchat was zum Kehr'n.
A Besen wär net blöd - aber na, des Besl föht!

Na dann wird's halt gesaugt, damit's ma wieder taugt.
Im Eck da Sauger steht, danebn liegt's Bürstl, i schau blöd.

ABBA ist für mich musikalisch eine weit entfernte Galaxis. Wenn da was durchdringt, dann nur sehr schwach. Mir einen ABBA Hit wie *„Super Trouper"* zum Ruinieren anzuhängen, das ist schon fast Majestätsbeleidigung. Doch sei eure Bitte huldreich gewähret. Weil mir ist das alles egal, oder auf österreichisch „wurscht" oder auf Deutsch „schnuppe"! Mehr als schnuppe, sogar schnupper!

Schnuppe, schnupper!

Schnuppe, schnupper, mir ist alles wurscht heut!
So ein blöder Tag!
Weil ich nicht hackeln mag!
Ich denk', dass ich heut nur versag'!

Müde steh' ich auf. Shit! Falscher Fuß!
Und es knackst gleich unter den Zehen!
Warum die Brille auch da liegen muss?
Werd' blind durch den Tag heut gehen.

Ich schlepp' mich in das Bad, die Zehe blutet.
Gott sei Dank ist das nicht weit.
Die Tür ist zu, das hätt' ich nicht vermutet.
Die Nase ist nicht kollisionsgefeit!

Das ist mir
Schnuppe, schnupper, mir ist alles wurscht heut!
So ein blöder Tag!
Weil ich nicht hackeln mag!
Ich denk', dass ich heut nur versag'!

Schnuppe, schnupper, man muss sich nur trauen!
Mut zur Ignoranz!
Heut' hat nichts Relevanz.
Höchstens noch die Ambulanz.

Nach dem Frühstück geh ich aus dem Haus.
Die Haustüre fällt zu-hu!
Und da merke ich mit einem Graus:
Schlüssel vergessen, ju-hu!

Durchs Küchenfenster seh ich auf den Herd hin.
Ceranfeldglühen, rötlich, wunderbar!
Und wenn ich dann abends wieder da bin:
Ist sicher dieses Häuschen nimmer da!

Das ist mir
Schnuppe, schnupper, mir ist alles wurscht heut!
So ein blöder Tag!
Weil ich nicht hackeln mag!
Ich denk', dass ich heut nur versag'!

Schnuppe, schnupper, man muss sich nur trauen!
Manchmal läuft's halt quer!
Wozu gibt's bitte sehr
die freiwillige Feuerwehr?

(Bridge:)

Ich geh zum Bus.
Wart' eine Stund'!
Der kommt nicht, was ist los, ich werd' unrund.
Ich geh' zu Fuß.
Ich komm zu spät.
Der Chef das hasst.
Na mir egal wenn dem das heut nicht passt!

Das ist mir
Schnuppe, schnupper, mir ist alles wurscht heut!
So ein blöder Tag!
Weil ich nicht hackeln mag!
Ich denk', dass ich heut nur versag'!

Schnuppe, schnupper, Firmentür geschlossen!
Während' ich mich frag.
Kommt der Mentalblitzschlag:
Scheiße, heut ist Feiertag!

Ich höre Steuern - und denke an Supertramp und ihren Hit „*Give a little bit*". Auch ein wunderschönes Lied, und Roger Hodgson eröffnet heute noch jedes Konzert mit diesem Lied. An dieser Stelle empfehle ich euch: Wenn der Knabe in eurer Nähe ein Konzert hat, geht hin! Er ist immer noch genial.

Ob die aber Geld meinten oder eher immaterielle Güter? Das dürft ihr gerne selbst beurteilen.

Zoi a bissl mehr

Zoi a bissl mehr!
Zoi a bissl mehr Steiern jetzt!
Zoi a bissl mehr!
Weu da Staat hat scho ois vasetzt.
De Beamten de kosten vü.
Mir brauchan Göd, dann hoitn's stü!

Ja wir fördern sehr.
Wir födern de Bauern jetzt mehr und mehr.
Irgendwo muass des her!
Irgendwo muass jetzt des Göd ja her!
Kriagn's a Prämie für's Bam umschneid'n.
wo die ja eh so furchtbar leid'n.

I zoi gern nu mehr!
I zoi gern nu mehr Steiern ein!
I beschwer mi net!
Solidarität muass scho sein!
Sonst verhungern Politiker.
Da ist ka Platz jetzt für Kritik, oh na!

I vakauf mei Haus!
I vakauf mei Haus, geht nimmer!
I leb in an Zöt!
Hab' ka Göd mehr für zwa Zimmer.
Was wir brauchen ist Zeltsteuer.
Net nächstes Jahr, na gleich heuer.

Die Beatles schrieben *"Eight days a Week"*. Als ich das folgende Lied textete, waren gerade wieder die „Vorstadtweiber" im TV, die sind sooooo schick! Ihr erinnert euch doch an diese Serie, oder? Ein Sittenbild der Wiener Schickeria – oder zumindest derer, die sich dafür halten. Ich glaube aber, dass das nicht spezifisch für Wien ist. Jedenfalls stellenweise so schwarzer Humor, dass einem das Lachen im Halse stecken bleibt.

Also in der ersten Folge eine der Heldinnen dieser Serie vom Einkaufen zurück kam, wusste ich: Das muss ich in ein Lied fassen.

Well, here we go!

Mei! Ist das schick!

Sie kommt heim vom Einkauf.
Kofferaum ist voll.
Am Konto herrscht jetzt Leerlauf.
Alles ist im Soll.

Sie ist heute
völlig pleite.
Doch das macht ihr gar nichts:
Die Wäsch' is schick!

Der Mann ist grad mit Kunden
beim Essen ziemlich fein.
Die Rechnung aufzurunden.
Den Kellner würd' es freu'n!

Zahlt mit Visa
Reinfall, fieser:
Karte überm Limit.
Die Wäsch is schick!

Mei, is de schick!
Die Freundin frisst der Nei-hei-heid!
Mei is de schick!
Der Gatte ihr im Bett verzeiht!

Er kommt heim, ist sauer.
Sie im Negligé.
Die Wut war nicht von Dauer.
So war das eh und je!

Frau hat Waffen,
die das schaffen!
Und er hat einen Anwalt.
Ein fieser Trick!

Mei is des schick!
Die Scheidung ist Ga-han-ge.
Was für ein Glück!
Das dauert nicht mehr la-han-ge!

Sie geht putzen.
Wäsch nichts nutzen.
Und er hat jetzt a Neue.
Das Geld im Blick!
Was für a Glück!
De Wäsch is schick!

"Blowin' in the Wind" sang Bob Dylan und suchte nach Antworten. Ich suche auch immer. Nicht immer nach Antworten. Manchmal nach – ich hab's vergessen, wonach. Hauptsache suchen! Oder versuchen? Sich versuchen? Heißt das, man sucht falsch? Bevor es jetzt zu philosophisch

oder zur Sucht wird und noch jemand von der städtischen Nervenheilanstalt versucht ist mich zu besuchen, versuche ich das Lied:

Wo i des wieda find'?

I suach scho seit Stunden a Werkzeug im Haus.
Wer hot ma des wieda vasteckt?
Im Vurhaus de Lamp'm is hin und muass raus.
Mi hot's in da Finstan aufglegt.

Ois Hausmann da is ma mit sowas allan.
Und der scheiß Schraufnziaga is weg.
De Frog' is mei Freind, wo i den wieda find.
De Frog' is, wo i den wieda find!

De Lamp'm in Scherben, des Birndl heraus.
Na, schrauf ma a neues hinein.
Da merk i ojegal, in dem groß'n Haus
kann des wieder waaß Gott wo sein!

I suach und i suach, im Kastl, in de Schuach ...
Es hot si vasteckt, wie gemein!
De Frog' is mei Freind, wo i des Birndl find.
De Frog' is, wo i des Birndl find!

Nach vierahoib Stund hob i dann vom Suachn gnua.
I ziag ma mei Jackal gschwind an.
Es schneibt, aber i find jetzt nur de Summaschua.
Doch sowas stört keinen echten Mann!

Im Baumarkt hob i mir a Birndl jetzt ghoit.
Und i kumm bei da Kassa jetzt dran:
De Frog' is, mei Freind, wo i mei Börsl find.
De Frog' is, wo i mei Börsl find ...

Was kann der arme Falco dafür, wenn in Niederösterreich Wahlen sind?

Nichts. Aber er kann auch nichts dagegen. *"Ganz Wien"* könnte nichts dagegen und dafür. Niederösterreich ist eben anders. Ein Kaiserreich der Moderne. Und egal welche Wahl: Who's gonna win?

Er-win!

Er geht heute wählen
Sagt jedem, wen!
Gar kein Zweifel tut quälen.
In Niederöstreich ist's scheen.
Woanders is der Arsch offen.
Und es riacht nach dem Ruin.
Des olles macht eam kan Kummer.
Weil er hat Erwin!

Erwin - das gibt dem Land den Sinn!
Erwin - weil Patridiot ich bin!
Erwin - ist unser Hauptgewinn!
Erwin, win, win - dem wird alles gleich verziehn!

SPÖ und KPÖ, NEOS, Grüne, FPÖ
hau ma eini, hart und schnö!
Auszähln, ans, zwa drei!

Andre Listn? Nur Staffage!
Außer Erwin ois fürn Arsch!
Mir san mir! Nu a Bier!
Gwunna, ans, zwa, drei!

Amoi wird der Tag kumma!
Dem Erwin foin de Haarln aus!
Und da Semm'ring hat an Tunnel!.
Kumman lauter Steirer raus!

Die ÖVP kummt ins Schwimma.
Woanders kann's des eh!
In St. Pölten foit sei Standbüd!
A Sakrileg, oje!

ÖVP is net allan
Andre Wählen, das geht a!
Absolut, gibt's net mehr.
Abgwählt, ans, zwa drei!

Erwin tobt, das geht ja nicht!
Dass man auf an Gott verzicht!
Schau net bled! Alles geht!
Abgwählt, ans, zwa, drei!

Jetzt wieder einmal ein Lied für alle Fotografen! Und davon kenne ich ja nun wahrlich einige.

Die Beatles hatten ihren ersten großen Hit mit *"Please, please me!"*, das war 1962. Meine Modelle finden, meine hellen Bilder sind ein Hit. High Key sagt der Fachmann dazu. Aber eigentlich ist das ganz easy, solche Bilder zu machen. Wie? Na lest:

Please blitz' mich!

Das Model sagt zum Fotografen,
als sie im Studio sich trafen:
Schalt ein (schalt ein)!
Schalt ein (schalt ein)!
Schalt ein (schalt ein)!
Schalt ein (schalt ein)!

Please blitz mich, ganz hell!
Und mach es schnell!

Das helle Licht verdeckt die Falten.
Kannst bitte alle Blitz' einschalten!
Schalt ein (schalt ein)!
Schalt ein (schalt ein)!
Schalt ein (schalt ein)!
Schalt ein (schalt ein)!

Please blitz mich, ganz hell!
Und mach es schnell!

Ich mag es wenn das Licht
die Falten so komplett vernicht' - oh jaha!
Das ist mal noch mal zwanzig
und fühlt sich nicht gar so ranzig - oh ja!
Oh ja, oh ja, oh ja!

Es ist vorbei, man fährt jetzt hei-heim.
Und geht den Bullen auf den Lei-heim.
Verdammt (verdammt)!
Verdammt (verdammt)!
Verdammt (verdammt)!
Verdammt (verdammt)!

Please blitz mich nicht! Hell!
Ich war zu schnell!
Please blitz mich nicht! Gell?
Ich war zu schnell!
Please blitz mich nicht! Well,
Ich war zu schnell!

Ich habe das folgende Lied am 9. Oktober 2014 ruiniert. Das ist der Geburtstag eines ganz großen Musikers: John Lennon! Leider 1980 von einem Irren ermordet und damit viel zu früh von uns gegangen.

Danke an meine Freunde auf Facebook für den Hinweis, dass man sein Lied "*Imagine*" ja auch umdichten könnte in:

In my Jean

In my Jean wird's zu eng jetzt.
Das Schnitzl war weit z'vü.
Dawäu wars so sche ogwetzt.
Und kost kan Poppnstü!

In my Jean gibt's ka Woiführn.
Da zwickt's, dass i fast schrei-hei-hei!

I bin zu optimistisch,
waunn I a Hosn kauf.
Zu wenig realistisch.
Bis I's dann nimmermehr daschnauf.

I my Jean kummt ka Niatn.
I leih de net gern her.
A guade Jean muasst hiatn.
Sunst kimmt do irgendwer.

Mei Frau frogt: "Derf I's borgen?
Zum Campiern, I brauch a Zöt!"

Na, naaaaaa ...

I geh fort und siag a Madl.
Herst is de Oide oba fesch.
Es kribbelt obahoib de Wadl.
Und scho passiert's, es zwickt de Wäsch!

I my Jean wird's zu eng jetzt.
De Frau is Schuld, zefix!
Ka Chance dass ma si hinsetzt.
Sonst kriagt der nu an Knicks ...

Auf Einladung von Joesi Prokopetz (kein Witz – er erlaubte es mir dezidiert, was mich sehr freute) darf ich sein *"Sind Sie single?"* ruinieren.

In gut versteckter Anspielung auf einen Spitzenpolitiker, der zu dieser Zeit gerade um sein Leben fürchtete, wage ich es also, das alte Stück von Joesi mit einem aktuellen Text zu versehen. Ihm hat es gefallen, ich hoffe euch auch!

Sind'S ein Schlingel?

Einsam steh' ich an der Spitze.
Lechze nach der Macht.
Will im Parlament die Sitze.
Doch ich hab' einen Verdacht.

Irgendwie ist's nicht geheuer,
hinter mir da jemand schleicht.
Mein Leibwächter mein treuer
dreht sich um und sagt: "Vielleicht

Sind'S ein Schlingel, sind'S vielleicht ein Killer?
Wollen Sie dem Boss was tun?
Ich pass auf, ich bin ein Killer-Chiller
am liebsten mit Messer
wirble ich wie ein Taifun."

Der Haider wurde ja gemeuchelt.
Der Strache hat jetzt auch schon Angst.
Das kommt, wenn man stets nur verseuchelt.
Du einmal um dein Leben bangst.

"Sind'S ein Schlingel, sind'S vielleicht ein Killer?
Wollen Sie dem Boss was tun?
Ich pass auf, ich bin ein Killer-Chiller
am liebsten mit Messer
wirble ich wie ein Taifun."

Die Chemtrails fürchtet er, so sagt er.
Die kommen von der NSA.
Nur um ihn zu ermorden, klagt er.
Fällt Regen und verseuchter Schnee.

Es hat auch der IS schon lange
die Fatwa ihm verhängt.
Nur Feinde überall, man bange.
Selbst Schuld, wennst alle kränkst.

"Sind'S ein Schlingel, sind'S vielleicht ein Killer?
Wollen Sie dem Boss was tun?
Ich pass auf, ich bin ein Killer-Chiller
am liebsten mit Messer
wirble ich wie ein Taifun."

"Sind'S ein Schlingel, sind'S ein Profimörder?
Ich pass auf den HC auf!
Ich bin da, nicht ohne mich da fährt er.
Er ist ja so ein Opfer.
Und alle hauen auf ihn drauf!"

Das Thema "Alter" kam auf. Meine Kinder waren zu diesem Zeitpunkt knapp 13, also „Großvater" werde ich noch nicht so schnell. Daher ist das gleichnamige Lied von STS (mein absolutes Lieblingslied von ihnen, wo es mir jedes Mal eine Gänsehaut aufzieht) kein Thema. Auch meine Variante ist (noch) kein Thema. Auch wenn mir schon mal jemand "Yoga für Senioren" nahelegte. Aber wozu hat man Freunde?

Prostata

I kumm in'd Schui zum Untarrichtn,
da sagt so a junga Bua doch glott zu mir:
"Des Yoga fia Seniorn, des is net do,
des is dortn bei da nächsten Tür!"

I denk: "Na herst! Wia schau i aus?
Bin i so oid, des is a Graus!"
Da merk i wia es unt'n zwickt.
Und auf amoi bin i geknickt!

Prostata!
Kannst du net unauffällig bleibm wia friaha a!
Prostata!
Wos machst ma Schmerzn und a so a Mords Trara!
Prostata!
I hob mei Leben lang so gar nix von dir gspiart!
Prostata!

Mei Schlof war meistens tiaf und guat.
Ob's laut war oder leise, mi hat nichts gestört.
Jetzt steh' i drei moi auf und stoipa
jede Nocht auf's Häusl, des is unerhört!

Wia soi ma si da nur erhoin?
Da muass ma jo physisch vafoin!
Fast jede Nocht, da legt's mi auf.
Beim Häusllauf, obwoi i gar nix sauf!

Prostata!
Kannst du net unauffällig bleibm wia friaha a!
Prostata!
Wos machst ma Schmerzn und a so a Mords Trara!
Prostata!
I hob mei Leben lang so gar nix von dir gspiart!
Prostata!

Jedes Jahr amoi
sitz i mit meine oidn Schuikollegen in da Bar.
Wir druck'n G'schichtln wia ma war'n,
a jeder hot jetzt scho a Glotzn statt de Haar!

Doch plötzlich lebt der oide Geist!
Wia da Jeff a Rund'n schmeißt.
Wir heb'm des Glas und dann erschallt
der alte Ruf, dass grod so hallt:

Prost! Jaha!
Des Bier muass obe oba gschwind!
Prost! Jaha!
Wer's z'letzt austrinkt, der is a Kind!
Prost! Jaha!
Kurz drauf auf's Häusl wia da Wind!
Prostata!

"Johnny B Goode" - einer der größten Hits von Chuck Berry. Richtig schöner, schneller, lauter Rock 'n' Roll. Wie es sein soll. Nur nicht am Samstag frühmorgens, wenn man eh noch verkatert im Bett liegt , da ist Lärm unerwünscht. Auch und gerade vom rasenmähenden Nachbarn. Gut, dass ich ihm gestern in weiser Voraussicht ein paar Kiesel in den Rasen gelegt habe.

Wenn ihr dieses Lied mit Gitarre zum Besten gebt, bestehe ich darauf, dass ihr das Solo stilecht hinter dem Kopf blind spielt!

Brumm, Mäher, brumm! (So ein Idiot)

Sechs Uhr morgens, Samstag, und ich schlaf so schön.
Da weckt mich doch von draußen dieses scheiß Gedröhn.
Ein Auge bring ich auf, ich schau durchs Fenster raus.
Der Nachbar, er heißt Gust, probiert den Traktormäher aus.
Sein Grundstück ist nur zehn mal zehn, doch er ein Freak.
Kann sein dass ich ihn samt dem Mäher heut zur Hölle schick.

Brumm, brumm!
Brumm, Mäher brumm!
Brumm!
Brumm, Mäher brumm!
Brumm!
Brumm, Mäher brumm!
Brumm!
Brumm, Mäher brumm!
So ein Idiot!

So geht das jede Woche, bis es mir dann langt.
Des Nächstens wird sein Traktor dann mit Zucker betankt.
Am Samstagmorgen macht's statt Krach nur dreimal "hust".
Ich schlaf bis acht, da läutet an der Tür der Gust.
"Hast du mir in den Tank den Zucker eingefüllt?"
Werd ich noch ganz verschlafen von ihm angebrüllt.

Kumm brumm!
Kumm, Mäher brumm!
Kumm!
Kumm, Mäher brumm!
Kumm!
Kumm, Mäher brumm!
Kumm!
Kumm, Mäher brumm!
Spring endlich an!

Ich hab' ja einen Mähroboter, der ist lautlos fast.
Ein elektrisches Schaf, das täglich einmal grast.
Nur letztens blieb's im Stall, es wirkte ganz verschmort.
Es hat's einer gewaschen, Kurzschluss, nimmer fahrt.
Der Gust mäht samstags jetzt um fünf Uhr morgens schon.
Den Auspuff hat er abmontiert, das hab' ich jetzt davon.

Brumm, brumm!
Brumm, Mäher brumm!
Brumm!
Brumm, Mäher brumm!
Brumm!
Brumm, Mäher brumm!
BUMM!
Bumm, Mäher bumm!
Jetzt ist er stumm!

Aaaaalso - einige Countryfans wollten unbedingt etwas von Johnny Cash, den ich auch sehr bewundere. Wie wäre es daher mit seinem "*Ring of Fire*"? Natürlich auch hier vollkommen sinnentstellt und ruinös in Richtung Staudruck (hatte ich erwähnt, dass ich Physiker bin?) bearbeitet, aber was habt ihr erwartet?

Es geht nichts weiter!

Ich - sitz' im Auto drin.
Und - fahre schnell dahin.
Da - sehe ich sie steh'n.
Es hilft - kein Gebet und Fleh'n!

Stau, Stau, Stau - und es geht wieder nichts weiter.
Stau, Stau, Stau - mit der Eisenbahn wär's g'scheiter.
Und es staut, staut, staut - der Zorn sich auf.
Der Zorn sich auf.

Ich - will in die Disco rein.
Doch - ich bin nicht allein.
Da - ist die Schlange lang.
Drin - hört man den Gesang.

Stau, Stau, Stau - und der Türsteher grinst heiter.
Stau, Stau, Stau - nur die Damen kommen weiter.
Und es staut, staut, staut - der Zorn sich auf.
Der Zorn sich auf.

Jetzt - habe ich's geschafft.
Es wird - nach den Frau'n gegafft.
Mir - ist jetzt sehr nach Sex.
Doch dann - ok, ja ich check's.

Stau, Stau, Stau - und der Druck der wächst jetzt weiter.
Keine Frau, Frau, Frau - alle sind heute zu zweit da.
Und es staut, staut, staut - sich auf der Druck.
Bis ich auszuck'!

Ein gewisser Billy Joel hat es bislang irgendwie immer geschafft, mir liedvernichtungstechnisch zu entkommen. Doch jeden erwischt es mal! Sorry Billy, auch wenn Wien auf dich wartet, ich warte jetzt nicht mehr.

"She's always a woman to me!" ist übrigens ein wunderschönes Liebeslied. Lieben kann man aber viel – sogar Esoterik und Geistheilung. Wobei man sich fragt, wie heilt man so einen Geist?

Die Dummheit stirbt nie!

Die Wissenschaft lügt nur,
sie weiß das genau.
Denn Wissen betrügt nur
die gläubige Frau.
Belebendes Wasser,
Homöopathie!
Ach glaub, was du glaubst denn ich weiß ja:
Die Dummheit stirbt nie.

Du kannst ruhig "beweisen",
das ficht sie nicht an.
Denn in ihren Kreisen
da glaubt man daran.
Und Glaube ist stärker
als Logik, drum sieh:
Sie wird zum Berserker, du siehst ja:
Die Dummheit stirbt nie!

Sie, schneidet Haare nach Mond.
Pendelt aus auch ihr Haus.
Nach Feng Shui sie dort wohnt.

Du, sagst ihr vorsichtig jetzt:
Physikalisch wär's falsch:
Strahlen bilden kein Netz.

Man kann das beweisen
sehr einfach sogar.
Darauf hinzuweisen
bringt gar nichts, na klar:
Passt was nicht ins Schema,
negiert man's und wie:
Sollst du dann daran zweifeln, es ist so:
Die Dummheit stirbt nie!

Sie geht ... mit PEGIDA hinaus.
Schreit: "Werft alle hinaus!"
Christlich sei unser Land!

Du, wendest vorsichtig ein:
Menschlich wär', lasst sie rein.
Sagt der Christenverstand.

Dann bist du ein Linker
"Linkslinker" sogar.
Islamischer Stinker,
Volksschädling, Barbar!
Man sollt dich ausrotten!
Das Volk, das sind sie!
Und wieder begreifst du bedauernd:
Die Dummheit stirbt nie!

Es braucht viel Geduld,
und es braucht Toleranz.
Sie sind selber schuld,
nimm es mit Arroganz:
Das ewige Leben,
ja das haben die!
Du hast ja begriffen, man stirbt nicht:
Denn Dummheit stirbt nie!

Einen Rap? Spinnt ihr? Was? Sido? Ich glaube, euch geht es nicht ganz gut. Was habt ihr im Kopf heute? Welche Bilder drängen sich da in eure Birne. Moment ... Bilder ... im Kopf ... Sido ... da geht mir doch klar der silberne Knopf auf.

Aber meine lieben Leser (so es euch gibt), ich sage es euch gleich: Einfach nachzusingen ist das nicht. Also ich könnte es sicher nicht. Aber mich wollt ihr sowieso garantiert nicht singen hören. Versprochen!

Dildo an' Kopf!

Ich pack den Hainzl jetzt einmal ganz viel da am Schopf.
Und hau dem Kerl meinen Dildo an Kopf.
Den Sido kritisiert der besser nicht mehr, der Tropf.
Weil ich ihm sonst das Maul einmal so richtig jetzt stopf.
Ich pack den Hainzl jetzt einmal ganz viel da am Schopf.
Und hau dem Kerl meinen Dildo an Kopf.
Ist sowieso, als wenn ich nur auf Eichenholz klopf.
Und klingen tut's wie Mamis alter Dampfdruckkochtopf.

Es war einmal vor langer, langer Zeit.
Als da im Fernsehn war der Große Chance. Streit!
Ich war sauer!
Ich war so hilflos und da kommt der ohne Haare am Sack.
Und wird da frech, dass ich das gar nicht mehr pack'!
Ich bin der Sido und ich steh drauf dass ich Recht hab'.
Wenn wer was and'res sagt, Mensch ja, das kann ich nicht ab!
Du kriegst den Menschen aus der Gosse, ja das locker.
Doch aus mir die Gosse, ne das schafft kein Rocker.
Und auch kein Hainzl, dieser Austrosoftieheini.
Dem hau auf österreichisch ich jetzt eine eini!
Der Skandal, den kann ich nicht verstehen.
Warum muss deswegen ich von hier jetzt gehen?
Alle steigen sie mir jetzt noch auf die Zehen, die wehen!
Doch den Vertrag erfüllen sie, die Kohle will ich sehen!

Ich pack den Hainzl jetzt einmal ganz viel da am Schopf.
Und hau dem Kerl meinen Dildo an Kopf.
Den Sido kritisiert der besser nicht mehr, der Tropf.
Weil ich ihm sonst das Maul einmal so richtig jetzt stopf.
Ich pack den Hainzl jetzt einmal ganz viel da am Schopf.
Und hau dem Kerl meinen Dildo an Kopf.
ist sowieso als wenn ich nur auf Eichenholz klopf.
Und klingen tut's wie Mamis alter Dampfdruckkochtopf.

Im Leben läuft man sich ja immer zweimal über'n Weg.
Weshalb beim Song Contest jetzt ich Conchita zerleg.
Und wie!
Von mir kriegt diese Tussi keine Punkte, ne ne.
Da könnt ihr Ösis motzen, kümmert mich einen Dreck!
Ein Sido der fällt niemals auf die Schnauze.
Wenn sie nicht spuren: der Sido, ja der haut' se!
Jetzt jaul'n se!
Wer sich mit mir anlegt, der muss ein Masochist sein.
Oder ein halt die Backe hin, halt so'n Christ sein!
Wenn ich richtig sauer bin, bin ich ein Mistschwein.
Ich mein - ich lass es raus, oh ja, das ist fein!
Da knall im Nachtclub ich 'nem Typen eine mit der Flasche.
Eine Vodkaflasche hab ich immer in der Tasche, meine Masche!
Ok, ich muss jetzt vor Gericht, das find ich krass, ey!
Werd' ich verknackt, sag ich nachdem ich einen lass, hey:

Ich pack den Richter jetzt einmal ganz viel da am Schopf.
Und hau dem Kerl meinen Dildo an Kopf.
Den Sido den verurteilt der jetzt nicht mehr, der Tropf.
Weil ich ihm sonst das Maul einmal so richtig jetzt stopf.
Ich pack den Richter jetzt einmal ganz viel da am Schopf.
Und hau dem Kerl meinen Dildo an Kopf.
ist sowieso als wenn ich nur auf Eichenholz klopf.
Und klingen tut's wie Mamis alter Dampfdruckkochtopf.

Dem göttlichen King of Rock'n'Roll, der Angst jedes Becken-Chirurgen, dem Traum jedes Brillantineherstellers - Elvis Presley habe ich erst ein Lied ruiniert. Einfach aus Angst, er könnte doch noch leben. Aber der Herr Exinnenminister Strasser ... es bietet sich einfach an! Welches Lied von Elvis? Na, was glaubt ihr?

Jailhouse Schock!

Das Höchstgericht, de Trottln liefern einen Fail.
Jetzt muass I, da Ernst Strasser, drei Jahr in den Jail.
Dabei wollt ich doch nur als Undercover Man
der European Justice mal von Nutzen sein.

So a Schock!
I hab' null Bock!
A jeder da im Steiner Zellenblock
wart drauf dass i da drei Jahr hock.

Ein Missverständnis war das, es war sprachbedingt.
Weil halt mein Englisch gar net so nach Englisch klingt.
In Wahrheit wollte ich de Hundertausend zahln.
I bin da wirklich nur ganz blöd hereingefall'n!

So a Schock!
I hab' null Bock!
A jeder da im Steiner Zellenblock
wart drauf dass i da drei Jahr hock.

Zweimal die Woche darf ich duschen, das ist fein.
Nur bücken wäre schlecht, a jeder will da rein.
Ich kenne das, im Hintern waren's früher auch.
Doch die taten nicht weh bis in den Unterbauch!

So a Schock!
I hab' null Bock.
A jeder da im Steiner Zellenblock
greift mir jetzt untern gstreiften Unterrock.

Ich hoffe drauf dass ich nach einem halben Jahr
die Fußfessel bekomme, denn dann wäre klar:
Dann wohne ich zuhause und ich hab' mei Ruh.
Und mit meinem Gesäß ist keiner mehr auf Du und Du.

So a Glück!
I hab' mein Arsch zurück!
Hoffentlich bin ich dann noch ich in einem Stück.
Naja, sofern bis dahin ich mich nicht oft bück'!

Daheim bin ich jetzt, aber ich darf nicht hinaus.
Ich lebe hier beschaulich in mein' Herrenhaus.
Doch ist der Unterschied zum Häf'n gar nicht groß.
Dein meine Frau, die spielt jetzt hier den Oberboss.

So a Schock!
Ich hab' null Bock!
Dort kommandiert a Uniform und hier ein Eierstock.
Da hab' i lieber gstreift als Minirock.

Ich will zurück in meinen Zellenblock!
Auf Hausdrache da hab' ich keinen Bock.

OK, es war Freitag - das Wetter war gänzlich unruiniert, die Sonnenbrille war dunkel an diesem Tag - wie die von Heino. Heino? Da war doch was mit einer *schwarzbraunen Haselnuss* ... ein Lied für alle, die rechten Geistes sind. Es beschreibt in tadelloser Rechts-Schreibung den typischen Anhänger einer radikalen Partei. Alle eventuellen Ähnlichkeiten mit lebenden oder toten Personen sind natürlich rein zufällig und nicht beabsichtigt.

Übrigens – ihr Rechten könntet mich gar nicht mehr ehren, als wenn ihr mein Buch endlich wert fändet, es als entartete Kunst zu verbrennen. Public Relations ist alles!

Blaubraun ist die HC Nuss

Blaubraun ist die HC Nuss.
Blaubraun bin auch ich.
Ja dass bin auch ich.
Blaubraun mus mein Mähdel sein.
Gerahde so wie ich.

HC hat ein Rede gmacht.
Heilig, isst der klug.
Ja was isst der klug.
HC wird mein Häld stets sein.
In seines braunes Zug.

Er poltert vill am Wirtshaustiesch.
Gegen Mickration.
Gegen Mickration.
Ich mögen seine Politisch.
Seid ville Jahre schon.

Rot, rot ist die lienke Bruht.
Wenn wir sie verhaun.
Wenn wir sie verhaun.
Das Kummerlhauen tuht uns gut.
Und sag nicht, ich bin braun!

Queen hatte mit "*We will rock You!*" 1977 einen Megahit. Als Hausmann hat man andere Probleme, überhaupt, wenn man oft und gerne schwarze Socken trägt. Früher trug ich ja lieber weiße Tennissocken. Aber da hat mir dann irgendwann mal jemand gesagt, dass das in Kombination mit einem in Bundfaltenhosen steckendem T-Shirt modetechnisch nicht mehr ganz en vogue ist. Also Umstieg auf schwarze, die passen überall dazu. Und die Hosen sind mittlerweile auch gerade geschnitten, das betont meine athletische Figur, wie auch das heraushängende T-Shirt.

Viele schwarze Socken

Männer tragen gern, tragen oft
schwarze Kleidung, weil sie ihnen einfach steht.
Doch wird die Panier
selbst bei einem Kavalier
einmal schmutzig, und dann g'hört gewaschen jetzt und hier.

Viele schwarze Socken
zu waschen und zu trocknen!

Alles ist jetzt sauber, ist jetzt rein.
Auch das weiße Hemd ist grau, ja das ist fein!
Und da sind sie jetzt:
Dreiundsiebzig, ja das fetzt!
Wie gehört das Sockenpuzzle aber jetzt zusammeng'setzt?

Viele schwarze Socken
sortier'n, das ist ein Brocken!

Das hat mich genervt, hat gestört.
Da hab' ich die Idee, wie DAS gehört:
Ich produziere Wegwerfstutzen.
Die wirft jeder nach beschmutzen
in die Tonne, und ich hab' davon den allergrößten Nutzen!

Viele schwarze Socken.
Ich cash' damit 'nen Brocken!
Mit meinen Wegwerfsocken
kann Singles ich abzocken.

Ohohohoho!

Meine Einmalsocken
lassen mich frohlocken!
Viele schwarze Socken.
Und ich kassier die Flocken!
(Gitarrensolo, bitte auf einer Wollsaite spielen)

Rainhard Fendrich („Schon wieder!", würde Forrest Gump sagen) hatte ein *„Herz wie ein Bergwerk"*. Mir hingegen ist nichts heilig, nicht einmal ein so hochromantisches Lied. Das wird, wenn nötig, gnadenlos schönheitsoperiert!

Apropos operieren. Heutzutage scheinen sowieso eher körperliche Vorzüge denn moralisch-ethische gefragt zu sein.

Weu'st den Schmerz da vor dir hertragst

Weu Du stoiz bist, waunn's vorn wippt.
Und du fast nach vorne kippst, steht er auf Di.
Weu's so weich san, wenn er's greift.
Und sich bei ihm was versteift, wü er Di.
Ja, er steht halt auf die Fünfundsiebzig D.
Da akzeptiert a Frau schon mal a bissl Weh.

Weu'st den Schmerz da vor dir hertragst,
de vier Kilo vorne drauf, steht er auf Di.

Er darf Dich jetzt lang nicht küssen,
weil die Lippen heilen müssen, is eam wurscht.
Auch die Augenlider brennen.
Das Permanentmakeup lässt flennen, weg'n dem Burschn.
All das Botox lähmt die Falten einfach weg.
Ihm gefällt's, der Rest, der kümmert ihn an Dreck.

Wennst den Schmerz da vor dir hertragst,
nimmer lachen kannst, weil's spannt, mog er Di!

Als du ihm den Vorschlag machtest,
den Prospekt ihm letztens brachtest, war er dahin.
Silikon in seinen Popschal
wär a Ansporn für a Grabscherl, sagtest ihm.
Er meint nur: "Mein Arsch, den schnippselt keiner auf!
Und jetzt geh i dann ins Beisl, wo i sauf!"

Wennst den Schmerz jetzt vor dir hertragst,
moch da klar, wenn du es kannst: er steht auf sie.
Wennst daham sitzt und dahin klagst,
moch da klar, er meint die Titten und net Di!

Waterloo & Robinson sangen sich mit *"Meine kleine Welt"* damals (war vermutlich vor eurer Zeit) auf den 5. Platz im Songcontest. Noch ganz ohne Damenbart und Abendkleid, aber trotzdem ein gutes Ergebnis. Es war sicherlich keine fünfte Symphonie von Beethoven, aber es hatte so etwas wie eine Melodie.

Für manche ist das „soziale Medium" Facebook ihre kleine Welt. Für mich ist es Zeitvertreib und Spaß, und manchmal denke ich mir, dass es eigentlich ganz schön unsozial ist. Aber einen gewissen Suchtcharakter hat es sicher. Und es verbreitet auch so schöne Wörter wie „gelikt" oder „upgeloadet". Ist das nicht herrlich, oder sollten wir lieber sagen: „hip"?

Seine kleine Welt

Aufgewacht, noch liegend schalt' er ein.
Es könnt' in Facebook ja was wichtig sein.
Siebzehn steht in Rot am Kugerl dort.
Mal seh'n wer hier auf eine Antwort wart'.

Die Blase drückt, jetzt ist nicht Zeit.
Gereiht wird nach der Wichtigkeit!

Das ist seine kleine Welt
Sie ist frei und ohne Sorgen.
Denn in seiner kleinen Welt
freut er sich auf jeden Morgen.

Das Frühstück wurde längst schon abgeschafft.
Facebook hat den Ablauf sehr gestrafft.
Zu Mittag isst die Pizza er mit links.
Die Rechte braucht zum Chat der "Mär Chen Prinz"

Das Handy glüht, der Akku leer.
Gelikt wird immer mehr und mehr!

Das ist seine kleine Welt.
Und hier löst er die Probleme.
Liken wenn es ihm gefällt.
Blocken tut man Unbequeme!

Auch im Auto ist das Ding präsent.
Am Lenkrad wird das Handy eingeklemmt.
So sieht er nicht im Stau den LKW.
Der Aufprall war gar heftig, tot, oje!

Am Himmelstor, er will hinein.
Die Tür ist zu, kein Glöckelein!

Petrus ist in seiner Welt.
Und er surft total versunken.
Im Himmelsbuch, wo er erhält
so viele Likes, er ist ganz trunken.

Petrus hat jetzt keine Zeit.
Draußen warten tausend Tote.
Scheiß' jetzt auf die Heiligkeit.
„Siebzehn" zeigt ihm an das rote.

„Schützt die Kinder vor den Eltern!", denke ich mir manchmal, wenn ich wieder mit den Ideen mancher übereifriger Elternvertreter konfrontiert bin. Manchmal denke ich mir auch wie Wolferl Ambros nur "*Zwickt's mi – i man i tram!*" Dürfen Kinder eigentlich noch Kinder sein? Oder sind sie mittlerweile nur noch Tamagochis, die nach unserem Willen zu funktionieren haben? Und natürlich auch die Gelegenheit, ein wenig auf die Lehrer hin zu hacken. Die haben aber eh zu viel Stress, um bis zur sie betreffenden Strophe zu lesen, da bin ich guter Dinge!

Schickt's mi nu net glei ham!

Am Montagmorgen ruaft de Muata "Aufsteh'n, d'Schul geht an!"
De Kinder fäut des furchtbar an, ma siagt, wias d'Augn vadrahn.
De Schuitosch wird schnö eingramt nu.
Zugleich trink ma Kakao.
"Sag hast de Aufgab' eh gmocht, du?"
"Jo!" sogta und denkt oba "Au!"

"Ziags Jackerl an, es is scho koid, und do hast nu dei Haubm!"
Die Kinder foign, doch kaum sans draußt, wern's Haubm schnö
obaklaubm.
Was wissn Eltern scho, was cool is.
De san söba vü zu oid.
Was IN is, wenn ma in da Schul is
weiß jeder, den ma mobbt recht boid!

Schickt's mi nu net glei ham!
Mama is heut wieder mal zu unaufhaltsam.
Lasst's mi nu a bissal bleibm!
Gengan Hort ist es zuhaus ein Hyperaktivitätsaltersheim!
Aber i weiß: Ma muass mi schickn.
I muass nu in'd Musikschui und danach nu zum Kickn!
Danke, mir wird's boid gnua!
Bin ka Maschin', i bin a Bua!

Der Lehrer, der war selbst ein Kind, doch das ist lange her.
Das Leben lehrte ihn geschwind, zuhaus' ist los der Bär.
De Arbeitszeiten, die sind kurz.
Das ist oft nett, jedoch:
Im Grund genommen wär's ihm schnurz.
Zuhaus' wartet ja eh das Joch!

Schickt's mi, nu net glei ham.
Mei Frau de schofft ma dort nur immer mächtig vü an!
Lasst's mi nu a bissal bleibm!
I wü heut nu net putzen oder Erdäpfel reibm!
Aber lass i mi dort net boid blickn.
Fangt mei Frau glei wieder an ganz mächtig zu zicken.
Danke, mir wird's boid gnua.
I wär gern - wieder a Bua!

Schickt's mi, nu net glei ham.
Der Lehrberuf, der is in Wahrheit wirkli a Traum!
Lasst's mi nu a bissal bleibm!
Irgendwia werd' i ma do de Zeit scho sinnvoi vatreibm.
Oba i werd wia immer einknicken.
Ma wü si hoit zuhaus net in an Wirbel vastricken.
Danke, jetzt is ma klar.
Wia sche de Schulzeit so war.

Unsere Ex-Justizministerin und Ex-Richterin meinte sinngemäß, so schlimm sei es ja in Saudi Arabien auch wieder nicht. Da würde nicht jeden Freitag öffentlich enthauptet.

Was würde CCR da sagen? *"Proud Mary"*? Oder "Haut Claudia"? Ich habe mich für einen Mittelweg entschieden.

Und zugleich ist das eine Premiere. Mein erstes Lied, das ich vollkommen in Englisch texten musste. Ich warte auf die Vergleiche mit Hubert Gorbach. Hab' eh zu viele Freunde.

Proud Claudia

Left a good job here in Austria.
Working' for the Sheiks every night and day!
And she never lost
a chance for a statement.
Worrin' 'bout the way
human rights should be.

Friday swords are working.
Claudia keeps on yelling:
Rolling, rolling, rolling heads at friday!

Bought all her shoes at Manolo's.
Clothed in fur and dressed from designers, yeah.
But when she was asked
about the burka task:
"Well it wears so smoothly."
So said she.

Women in Arabia
hear and try to grab her:
Calling, calling, calling her a shammer.
Calling, calling, calling her a shammer.

If You come down to Arabia.
As a woman never try to drive alone..
Always be aware
They'd call You a bitch there.
And You risk to get
a bunch of stones.

Friday they like stones!
First pray and then crash bones!
„Stone her, stone her, stone her right to death now!
Stone her, stone her, stone her right to death now!"

Mir wurde am Tag, an dem „Proud Claudia" entstand, seitens eines Freundes nahegelegt, ich soll heute *nu an hodan ruiniern*. Daher stammt übrigens auch der Buchtitel. Als ich so beim Fenster hinaus blickte, realisierte ich: Es würde wohl bald zum Reifenwechseln.

Nicht erst, „*When I'm Sixtyfour*", wie die Beatles sangen, ...

Jessas, siagst i fahr!

I steh auf da Strossn,
sperr auf grod mein Wogn.
Kummt a Madl her.
"Kannst ma du net amoi kurz behüflich sein?
I kumm in mei Auto net rein!"

Blond wie a Semmel.
Fesch war sie ah
Mit dem Widerstand war's gar.
Aufsperrn und helfen
bei so einer Elfen.
"Jessas, siagst i fahr!"

Und scho fahrt sie weg.
Last mi da ganz allan.
Lief nicht ganz nach Plan.

Seit knapp einer Woche
wird g'sagt es kommt Schnee.
Sommerreifen drauf.
Denn das Wechseln, das hat Zeit Zeit bis morgen noch.
Raus bei der Türe, will fahren - jedoch:

Das Auto, das rote,
das ist jetzt weiß.
Meine Zuversicht ist gar.
Heut nehm' ich frei mir.
Genieß' ein, zwei, drei Bier.
Weil i heut net fahr!

Jeden Winteranfang nehm' ich vor mir "Heuer wechsle ich."
Hat noch nie geklappt!
Jedes Jahr ein Rausch!
Doch auch so ein Bier ist gut.
Besser als ein Reifentausch!

Der Magen bemerkt grad,
da kommt was herein.
Knoblauchsuppe oh!
Soll ja ganz gesund und antibiotisch sein.
Und schmecken tut sie auch obendrein.

Zwei Stunden später:
Der Darm regt sich auf.
"Das ist wohl jetzt nicht wahr!"
Es regt sich ein Lüfterl,
und mit einem Düfterl
"Jessas, siagst i fahr!"

Wie tief kann man eigentlich sinken?

Wie definiert sich Tiefe? Für mich ist das künstlerische Nullniveau nur marginal unter der Musik der schönen Helene angesiedelt. Trotzdem habe ich für alle Angelfreunde (Fischer soll man ja nicht sagen) ihren Hit *"Atemlos"* jetzt umgetextet. Das gibt euch ja erst die Möglichkeit, die künstlerische Dimension der anderen Songs in diesem Buch in Relation zu setzen.

Ich bin nicht sehr sportlich. Und ich hasse es, nach oben zu buckeln und nach unten zu treten. Somit könnt ihr euch denken, dass ich kein großer Radler vor dem Herrn bin.

Atemlos auf dem Rad

Ich ziehe durch die Straßen, seh die Sportauslagen an.
Denn ich werd' jetzt radeln, ja mit Fünfzig fang ich an!
Oho, oho!
Verkäufer wuseln emsig und geschäftig um mich rum.
Fachausdrücke massenhaft im Radexpertengremium
Oho, oho!
Rennrad, Raddress, Schuhe auch - und für'n Plattfuss einen Schlauch.
Am Heimweg ist das Auto voll, ich seh' mich schon als Apoll!

Atemlos auf dem Rad!
Für den Sport bin i zu blad!
Atemlos steig ich ab.
Nach einem Kilometer war ich schlapp.

Atemlos auf dem Rad!
Wahnsinn wie es in den Haxn zaht!
Atemlos, voller Schweiß!
Ich verkauf den ganzen Scheiß!

Heut ist nicht mein Tag
Ich hau mich vor die Glotze!
Alles was ich bin:
nur furchtbar müd!
Morgen aber, ja!
Vor Kraft ich sicher strotze!
Dann kommen meine Freunde
bin Clubmitglied!

Früh am nächsten Morgen steh'n die Kumpels vor der Tür.
So hundert Kilometer woll'n sie radeln heut mit mir.
Oho, oho!
Die Höhenmeter haben sie mir gleich gar nicht gesagt.
Sonst hätt' der liebe Günter schon am Anfange verzagt.
Oho, oho!
Alles was ich will, ist nur: ein Zelt mit viel O2 als Kur!
Nein ich fahr nie wieder Rad! Ich bleib lieber blad!

Atemlos auf dem Rad!
Auf der Couch ist's niemals fad!
Atemlos, roter Kopf.
Und vor Schweiß ich üb'rall tropf!

Ich bin völlig platt jetzt.
Keine Glücksgefühle.
Alles was ich bin:
total k.o.
Die Hose hat mich aufg'wetzt.
Der Wolf schreit laut nach Kühle!
Und das soll gesund sein?
Oh no, no, no!

Atemlos ...

Frust pulsiert durch meinen Kopf!

Atemlos auf dem Rad.
Wisst ihr, was ich daher tat?
Atemlos? Ich nicht mehr.
So ein eBike musste her!

Seitdem überhole
ich die Clubkollegen!
Wenn sie auch mal lachen.
Mir ist das egal!
Statt mit meiner Sohle
mit Akku - so ein Segen!
So muss man das machen.
Ohne Qual!

Atemlos ...

Seit Tagen hatte ich kein Lied ruiniert. Ging *so* einfach nicht weiter. Da kam mir beim Genuss eines Champignonschnitzels die Idee, man könnte auch Queen nochmal verballhornen. Passt gut, weil das Lied „*We are the Champions*" immer bei Ballsport gespielt wird und da auch Bier eine Rolle spielt. Schwammerl drüber und los geht's:

Bier für uns Champions

Ich bin ein Fan!
Ich bin am Platz.
Schon vor dem Spiel
mach ich richtig Rabatz!

Manchmal zu viel.
Dann sperrn's mich kurz ein.
Doch das ist wurscht, denn die Hauptsach' ist:
Ich würg' den andern was rein!

Und wir gehn schlägern gern so gern so gern und

Bier für uns Champions, mei Freind!
Danach hau ma de andern aus de Zähnd!
Bier für uns Champions!
Bier für uns Champions!
Ich sauf' kein Wasser,
weil Bier für die Champions, das macht schlau!

I seh' an der kifft.
Vorm Stadion, Skandal!
Der is a Gefahr für die Jugend er verführt sie zu Drogen
und trogt so an Arafat-Schal.

Da siag i rot!
Sowas is asozial.
I pack aus meinen Schlagring und verteil
seine Zähnd glei mal auf dem Asphalt!

Und wir sind Wächter der Gesellschaft und

Bier für uns Champions, mei Freind!
Damit scho vorm Spü' de Äktschn rennt.
Bier für uns Champions!
Bier für uns Champions!
Ich sauf' kein Wasser,
weil Bier für die Champions, das macht schlau!

I geh zum Arzt.
I bin net ganz g'sund.
Und wie er mi anspricht merk i:
"Hoit, dem föhn zwa Anser im Mund."

Er schaut mi an.
Greift zum Telefon.
A halbe Stund später sitz ich vor an Kiwara
in da Vernehmungsstation!

Wia soi ma wissn dass der Kiffer Arzt ist, jetzt zwa Jahr

Ka Bier für uns Champions, mei Freind.
Im Häfn bleibst trocken, ganz elend.
Ka Bier für uns Champions!
Ka Bier für uns Champions!
I hab's nur gut gmeint
Weil Bier für die Champions, das macht schlau!

Halloween - jedes Jahr werden arme, unschuldige Hausbesitzer von mörderischen Kinderhorden unter Androhung von Gewalt genötigt, ihre allerletzten Nahrungsmittelreserven herauszurücken. Ich gebe heuer den Kindern Rumzwetschgen und Haschkeks. Damit da mal ein Erziehungseffekt eintritt, a la Herbert Grönemeyer. *„Alkohol"* eben!

Halloween

Heut wird mal wieder - die Nacht zum Tag gemacht.
Die Monster ziehen - von Tür zu Tür um acht.
Die Haustürglocke schellt - im Zehnminutentakt.
"Süßes oder Saures" heißt's - beim Öffnen abgehackt.

Halbstark steh'n sie da - die Schminke im Gesicht.
Dracula und Frankenstein - dazwischen noch ein Wicht.
Vorbereitet liegen die - Rumpflaumen im Talon.
Die Lebensmittelmotten - hatten auch schon was davon.

Und ich weiß ja genau, wenn ich schließe das Haus.
Wenn sie's essen dann ja, würgen sie's wieder raus.

Halloween - ist die Härteprobe für den Kinderbauch.
Halloween - altes Zeug tut's für die Racker auch.
Halloween - früher war das maximal der Weltspartag.
Halloween, Halloween, Halloween!

Es läutet wieder - es ist schon fast halb zehn.
Da steht ein Racker - im Polizeikostüm.
Bevor er seinen Spruch noch sagt - drück ich ihm in die Hand:
Den Rest der Pflaumen ja! - Na das wird mal ein Brand.

Der Kleine, der schaut - mir nur kurz ins Gesicht.
Und ich merke zu spät - ein Kostüm ist das nicht!

Halloween - ich verbring Dich am Kommissariat.
Halloween - weil so'n Racker mich verpfiffen hat.
Halloween - woher soll ich wissen, dass sein Papa Bulle ist?
Halloween - blöd gelaufen, und jetzt sitz ich, so ein Mist.

Halloween - wenn die Frauen ohne Schminke gehen.
Halloween - weil nur so kann man das Monster sehen.
Halloween - ja da öffne ich nie wieder meine Tür.
Halloween, Halloween, Halloween!

Am Tag vor dem Entstehen dieses Lieds gab es einen Report im österreichischen Fernsehen. Es ging um Verhetzung und Politik. Und für den HC St. Rache wollte ich eh schon lange ein Ständchen machen. Ich hoffe, die ERSTE ALLGEMEINE ist nicht zu VERUNSICHERT, wenn ich den *„Alpenrap"* ruiniere!

Alpendepp

Es wird schwierig hier
bei der nächsten großen Wahl
in der Alpenrepublik.
Eine schwere Qual,
wenn es wird der mit dem Schal
mit seinem Husser-Trick.

Seine Goschn die ist groß.
Leider hat er sonst nichts los.
Doch die Beißer glänzen weiß.
Ja, ja der Mann, der da husst,
der erzählt uns bloß:
"Nur Österreicher haben Fleiß!"

Er sagt: "Hey, Mann, denk!
Du weißt wofür ich steh'.
Wir sind die guten, doch
die Fremden und
die Asylanten eh
die sind hier unser Joch!"

Depp, Depp, are You ready for the Cap?
Die Zukunft ist der blaue Trap.
Depp, Depp, wähl HC.
Die Rechnung kriegst du eh!

Ref.:
Ho, ho, ho!
Blauhulijöduljo!
Auf da Saualm is die Show!
Ho, ho, ho!
Blauhulijodlo!
I wähl den HC Stroh!

Gewonnen hat der Strache
der Fischer hat den Schock:
"Was soll ich jetzt nur tun?
Wenn ich den Kerl jetzt
zum Kanzler auch noch mache,
haut's den Faymann aus den Schuhen!"

Die ÖVP
machtgeil wie eh und je
verhilft ihm an die Macht.
Beim Angeloben seh
ich dem Fischer tut das weh.
Nur der HC, ja der lacht.

Er sagt: "Hey, Mann siehst?
Wie machtlos du jetzt bist!
Die Zeit der Täuschung ist vorbei.
Den wer bei uns
die Machtfülle genießt,
bin ich, das sag' ich glei!"

Depp, Depp, we are ready for the Cap!
Die Zukunft ist der Strachenepp.
Depp, Depp, was wählst HC?
Was'd kriegst, das weißt du eh!

Ref.:
Ho, ho, ho!
Blauhulijöduljo!
Im Kanzleramt ist jetzt die Show!
Ho, ho, ho!
Blauhulijöduljo!
Die Asylanten schiab i o!

Die Minister sind besetzt
ganz ohne Qualifikation.
Das kennt man aber schon.
die Messer sind gewetzt.
und alles wartet jetzt
auf die große Sensation.

Im Parlament ist Ruh'
die Türen bleiben zu.
"Das sind erste Sparmaßnahmen."
Die ÖVP, sie schweigt,
woran sich wieder einmal zeigt:
Still genießt man Geldannahmen.

Es erhebt sich bald die Frage
"Wie finanzieren wir die Lage?"
Doch die Frage, die bleibt offen.
Denn von der Burscherlschaftspartie
konnt' man Lösungen noch nie
oder Ansätze erhoffen.

Mist, Mist, wenn man Minister ist.
Da fragt man einen Lobbyist.
Cash, Cash, so geht das aber fesch.
Nach außen reicht Gewäsch.

Ref.:
Ho, ho, ho!
Pleithulijöduljo!
De Blauen Wähl'm ma o!
Ho, ho, ho!
Ojedulijöduljeeee!
Freie Wahlen sind passe!

Frank Zappa, das unorthodoxe Genie, ist leider auch noch immer tot. Sein *Bobby Brown* lebt aber ewig. Auch heuer wieder werde ich zu Allerheiligen seiner gedenken, wenn ich am Friedhof stehe und die wohlgewandeten Leute bei ihrer Modenschau bewundere. Ich hoffe, es wird kalt, damit sie auch ihre Pelze frohen Mutes tragen können und es ihnen nicht so ergeht wie im folgenden Lied.

Schöne Frau

Hallo, seht ihr die schöne Frau?
Ja, die mit Pelz, die meine ich, genau!
Es ist heuer warm, es hat achtzehn Grade.
Doch ganz ohne Pelz, das wäre echt zu schade!

„Das Fest ist halt nur einmal im Jahr.
Und wenn ich schon auf den Friedhof fahr,
dann wäre es zu schade mit der Gucci Jacke.
Ganz ohne Nerz ist Allerheiligen kacke!“

„Oh Gott, ich bin so wunderschön.
Von den Haarextensions bis zu den Zehen.
Ach lasst es mich euch zeigen.
Danach dürft ihr euch auch gern verneigen!“
(ich bin so schön – bin so schön – bin so schön)

Sie steht am Grab stark schwitzend.
Der Körper überhitzend
transpiriert in die Manolos
Von oben herab belächelt sie die Prolos.

Wer schön sein will muss leiden!
Die Welt ist sowieso bescheiden.
Da braucht die Frau mit etwas Klasse
und einem Mann der gut bei Kasse
Schon mal ein Fest bei dem sie sich
ein wenig abhebt von der Masse!

„Oh Gott, ich liebe diesen Pelz.
Scheiß auf die Viecher, mir gefällt's.
Allerheiligen und Allerseelen
zeigt Frau von Welt halt die Juwelen!"

Sie steht so eine knappe Stunde.
Der Pfarrer dreht grad seine Runde.
Doch das Weiwasser, das er grad auf sie spritzt,
hat dem Hitzschlagzusammenbruch nicht genützt.

Im nächsten Jahr steht seine neue Frau
an ihrem Grab und – und ja, genau:
Sie trägt über ihrem Herzen
im Andenken den schönen Nerzen.

„Oh Gott, sie ist so früh verschieden.
Ich wünsche ihr viel Seelenfrieden.
Heuer ist's zum Glück viel kälter.
Drum wird' ich auch ein Jährchen älter."

„Und jetzt bin ich die schöne Frau.
Schau mich an – ich bleib es auch!
Ja, ich bin die neue, schöne Frau.
Auf der Friedhofsrallymodenschau.
Ja, ich bin die neue, schöne Frau.
Mit Pelz und großem Oberbau.
Ja, ich bin die neue, schöne Frau.
Zu dir sag' ich jetzt leise Ciao!"

Man wagt als Mann ja gar nicht mehr, einer Frau in den Mantel zu helfen. Könnte ja eine Feministin sein, die das als sexuelle Belästigung versteht. Reinhard Mey („Schon wieder!") hat vor vielen Jahren *„Der Mörder ist immer der Gärtner"* gesungen. In Wahrheit sind nur die Machos und die Chauvinisten die Bösen! Es wird Zeit, Männer, dass wir unsere feministische Ader entdecken und ausleben!

Ich werde ab heut Feminist sein

Die Nacht nähert sich schon dem Morgen.
Der Ärzteball ist fast vorbei.
In der Sektbar küsst sich halb verborgen
ein lesbisches Paar um halb drei.
Am Eingang bekommt Gardrobiere jetzt Stress.
Der Aufbruch ist nah', Mantel her jetzt! Express!
Ich helf' einer Dame hinein in den Mantel.
Statt Dank - böser Blick, ich denk' mir als ich grantel:

Ich werde ab heut' Feminist sein!
Das war eine Lehre, jawohl!
Da darf man dann auch Egoist sein.
Und muss sich nicht mühen
mit all diesen Kühen.
Löst Eure Probleme allein!

Schon seit fast einer Dreiviertelstunde
steh' ich hier jetzt in einem Stau.
Ich steig' aus, geh nach vorn und erkunde:
Aha. Reifenpanne. Und – Frau!
Ich sage ganz höflich: „Ich geh' Ihnen gern
beim schadhaften Gummi zur Hand, schöne Dern!"
Da wirft sie entrüstet mit größerer Wucht
den Heber nach mir, ich ergreife die Flucht!

Ich werde ab heut' Feminist sein!
Das war eine Lehre, jawohl!
Da darf man dann auch Egoist sein.
Und muss sich nicht mühen
mit all diesen Kühen
Löst Eure Probleme allein!

Ich bin eingeladen – ganz nobel.
Der Smoking, der wurde entstaubt.
Überall sieht man Nerze und Zobel.
Und Orden, dass man es nicht glaubt.
Ich seh' einen Kellner und spreche ihn an:
Ach bringen'S mir Sekt bitte, mein guter Mann!
Da habe ich auch schon die Hand im Gesicht.
„Mann" sagt man zu einer Emanze halt nicht!

Ich werde ab heut' Feminist sein!
Das war eine Lehre, jawohl!
Da darf man dann auch Egoist sein.
Und muss sich nicht mühen
mit all diesen Kühen
Löst Eure Probleme allein!

Man diskutiert heute heftig im Gasthof
über Machos und Emanzipation.
Die Frauen, die singen den Schlachtruf:
„Männer sind nur ‚ne Geninfektion!"
Nur eine die lächelt mich eindeutig an.
Und dann sagt sie mir: „Komm' ich will einen Mann!"
Sie ist siegessicher, doch heut bin ich hart.
Ich sag: „Nimm doch die, die hat eh einen Bart!"

Ich werde ab heut' Feminist sein!
Das war eine Lehre, jawohl!
Da darf man dann auch Egoist sein.
Und muss sich nicht mühen
mit all diesen Kühen
Ich lös' meine Probleme allein!

Eigentlich wollte ich hier Schluss machen und keine Lieder mehr ruinieren. Aber ein kleiner *„Skandal im Sperrbezirk"* (Spider Murphy Gang) musste noch sein. Die meisten kennen das Lied vielleicht als „Skandal um Rosi". Danke Thilo Faller ... ich konnte nach deiner Aufforderung nicht widerstehen!

Nutten vor der Stadt regen heutzutage ja kaum noch wen auf. Genauso wenig wie Fälle von Korruption. Die pflegen im Sande zu verlaufen und im Sumpf zu versickern. Als gelernter Österreicher reagiert man hier mittlerweile sehr gelassen, zumal 100 Millionen Euro nicht so schlimm klingen wie 1,3 Milliarden Schilling. Ein Dank der Währungsreform!

Der Fall ging in die Hose

Der Staatsanwalt ermittelt schon
in einem Fall von Korruption.
Damit in diesem schönen Staat
Verbrechen keine Chance hat.
Doch weil er ja berichten muss,
dem Chef, der seinem - ist bald Schluss.
Denn ist's im Ministerium,
wird klar: Prozess? Das wäre dumm!
Und so ergeht die Order glatt,
den Fall er einzustellen hat!

Der Fall wird unterdrückt!
Der Fall wird unterdrückt!
Der Fall ... ging in die Hose!

Ein Workshop in der ÖBB:
Ein neuer Name wäre schön.
Der Mitarbeiter hat den Blitz
"Railjet!" - nein das ist kein Witz.
Der Workshopleiter reserviert
den Namen, dann interveniert
er bei der ÖBB recht keck:
"Der Name geht für Kohle weg!"

Der Fall wird unterdrückt.
Der Fall wird unterdrückt.
Der Fall ... ging in die Hose.

Beim Skylink gab es einen Crash.
Verdoppelt hat sich da der Cash.
Statt vier achthundert Millionen.
Man muss die Lobby ja entlohnen.
Die Schuldfrag' wird nun aufgeklärt.
Wie hat sich das nur so vermehrt.
Doch nach zwei Jahren weiß man jetzt:
Da hat niemand ein Recht verletzt!

Der Fall wird unterdrückt.
Der Fall wird unterdrückt.
Der Fall ... ging in die Hose.

Skylink
Skyfall
Railjet
Kein Fall

...

Oisdann, de G'schicht is a so. Eine der einprägsamsten Passagen des gesamten Liedguts deutschsprachiger Künstler waren für mich immer folgende Zeilen aus Falcos *„Amerika"*:

„Amerika – wenn ihr nur wissats wia ma eich vamissen kann!"

Ihr kennt den Song sicher. Kaum ein Lied von ihm spiegelt dermaßen die arrogante Eloquenz und zerrissene Persönlichkeit dieses Ausnahmekünstlers wieder. Ich dachte oft darüber nach, mir dieses Stück Musikgeschichte vorzunehmen – und hatte stets Angst davor. Der Hetzwahlkampf der rechten Populisten ließ es mir 2015 dann recht werden. Die Hysterie, die man hier verbreitete, fand ich einfach unsäglich und daher: Wenn man es nicht sagen kann, muss man es eben singen. Ihr stellt euch einfach vor, wie der typische Rechtspopulismuswähler mit seinem Bier im Wohnzimmer sitzt und sich auf die Schenkel klopft, dann seid ihr live dabei.

Hysteriker

Oiso,
De Gschichte, de jo ma waaß ma doch
liegt auf der ausgestreckten Hand.
Es war mit Mitgefühl meist schwierig
in unserm schönen, reichen Land.

Was in ihm sitzt, ist weiß gespritzt.
Und ihm ist völlig klar:
De nehman eam sein Job!
"Gib nu a Bier her, oder zwoa!"

Der Strache hot scho recht!
"De Ausländer san schuid!"
Drum geht's dem Bsuff jetzt schlecht,
er schaut aufs Hitlerbuid.

Das Typische an ihm
Er ist ganz typisch, denkt er sich.
Was er da übersieht ist:
Rein moralisch is ER 's Viech!

Sei Lebtog nie was gschafft.
Nur gsoffn, gsudat oft fia drei.
Zagt's eam an rechten Hetzer
Und er is sofort live dabei!

Hysteriker
Wennt's ihr nur wissat wie ihr euch verpissen könnt!
Mmmh mmmh mmhh

Spü auf, HC!
Come on!

Die FPÖ lebt nur vom Hass.
De Deppadn schrein: "Ja!"
Kapiern hoit net, es geht um Macht.
Deswegn des Hetztrara!

Des Ruadaleibal spannt am Bauch
der Achselschweiß riacht sauer.
Zum Wählen tut's der Trottel auch.
"Wir brauchen eine Mauer!"

"Mit uns am Ruder wird das anders!
Wir sagen's lieber glei!"
(und de Volksschädling mit Ruadaleiberl
sperr ma ois erstas ei!)

Dialog bei einer Wahlveranstaltung:
Strache: "Die Asylanten nehmen euch eure Jobs und unsere Kultur!"
Publikum: "Bravo, haut's es ausse!"
Strache: "Wir stehen für ein Österreich der Österreicher!"
Publikum: "Jawoi, den wöh ma!"
Strache: "Drei Bier!"

Hysteriker
Wennt's ihr nur wissat wie ihr euch verpissen könnt!
Mmmh mmmh mmhh

Hysteriker
Es bietet euch die Stirn, wer noch ein Gwissen hat!
Ja, ja, ja!

In Ö3 kam an dem Tag, als ich dieses Lied ruinierte, die Meldung, dass im Innenministerium seit Wochenein Server ausgefallen ist und die Kriminalpolizei und die Cobra keinen Zugriff mehr auf Kriminaldaten hat. Na, wenn es weiter nichts ist?

Was hätte Falco wohl daraus gemacht? Statt *"Rock me Amadeus"* zum Beispiel?

Jetzt schau ma oba sche aus!

Jetzt schau ma, schau ma, schau ma sche aus.
Biep, biep, shut it off!

Es war Zweitausendvierzehn und es war in Wien:
No EKIS Data, keine Daten, es war alles hin.
Der Server steht, no Admin there, im Urlaub war der Punk.
Und alles ruft entsetzt: "Oh Shit, jetzt schau ma oba sche aus!"

Er war so alt, er lief noch mit XP.
Er war so stabil, jetzt ist er hin oh weh!
Er war ein Server, war mit heiklen Daten voll.
Und alles ruft entsetzt: "Oh Shit, jetzt schau ma oba sche aus!"

Jetzt schau ma oba sche aus!
Jetzt schau ma oba sche aus!
Jetzt schau ma oba sche aus!
Oh, oh, ... kummt kana mehr ins Zuchthaus!

Die Medien, the Papers, ja die schrieben's schnell.
Die Gaunerbanden dachten sich: „Aha, that's fine, oh well!"
Verbrechensratensteigerung in Inflation.
Und keiner hat die Angst mehr: Cobra wartet schon.

Die Daten waren weg, die Westen waren rein.
Die Politik war sauber, niemand mehr ein Schwein.
Der Admin war bestochen, blieb im Urlaub lang:
Und alles ruft zufrieden: "Ja jetzt schau ma wirklich sche aus!"

Jetzt schau ma wieder sche aus!
Jetzt schau ma wieder sche aus!
Jetzt schau ma wieder sche aus!
Oh, oh ... von uns kommt jetzt nix mehr raus!

Wer von euch kennt Kurt Ostbahns *"57er Chevy"*? So alt bin ich noch
nicht, ich bin nämlich erst 1965 geboren. Und ich war in meinem ganzen
Leben immer sehr schüchtern. Also so überhaupt kein

65er Chauvy

Jetzt wos mit uns eng wird
mecht i da schnö nu wos so-ho-hogn!
Bevorst unta mir liegst
I hoff du wirst es ertro-ho-hogn.
oba bevorst di valiabst
und dann an mir hängst
Muass i di warnen
vo mir kriagst nix gschenkt!

Weu i bin a 65er Chauvy!
Und de Hasen pack i reihenweis.
Auf de Siasse,
manchmal auf de Grobe
Für a Dauerbeziehung
da bin i so gar net bereit!

Kurz vor da Sperrstund
heut obend wirds langsam Zei-hei-heit.
I geh net in Lokale.
Ich erscheine de Leu-heu-heut!
Wenn ich wo hinein komm
Tritt alles zurück.
I deut auf a Mädl
da zerfließt's schon vor Glück!

I brauch nix sogn
Muass nur schaun.
Und amoi winken.
Dann rennan de Fraun!

Weu i bin a 65er Chauvy!
I lahns zuwe, da gibt's ka Gegenwehr!
Se san willig,
wenn i's willig hobm wü.
Und dann schick i's ham
zu ihr'n Mann ohne Gscher.

Der Physiker-Hobbydichter eures Vertrauens wurde am Tag, bevor das folgende Lied entstand, mit der Rockernase auf den Superhit "*Born to be wild*" gestoßen. Ihr wisst schon – die Musik zum Film „Easy Rider". Legendär! Im Träume saß ich auf einer Harley und brauste die Route 66 entlang – seufz! Doch dann holte mich die Realität wieder ein. Im TV lief gerade ein Grand Prix, fad wie immer, Mercedes drei Runden vor allen anderen.

Steppenwölfe und Wüstenspringmäuse mögen mir verzeihen, dass ich selbst vor so einer Hymne nicht Halt mache. Ist der Ruf erst ruiniert (oder genügend Lieder), lebt sich's fortan ganz ungeniert!

Vorne war geil!

Mercedes vor den Dosen.
Jedes Mal dasselbe!
Die Formel heuer silber.
Weit hinten rote Kälber.

Oh Darling, das wird fad auf Dauer.
Nur die Sterne vetzeln schnell.
Der Bullenwastl ist schon sauer
auf sein Fahrgestell.

Der Rosberg zum Alonso:
"Dass Du mir nicht re-signierst!
Hab' gewöhnt mich schon so,
dass du in meinem Spiegel klein wirst!"

Oh Darling, statt der Formel eins jetzt
schau ich am Sonntag Fussball schon.
Wie Altach grad die Bullen weg fetzt,
in Öst'reichs League de Champignon.

Ach wie schön war und heil
doch die Zeit, vorn' war geil.
Die Dosen roll'n hinterher.
Gewinnen längst nicht mehr.
Vorne war geil!
Vorne war geil!

Exkanzler Gusenbauer,
ganz still zieht er die Fäden.
Der Kerl ist ein Schlauer.
Und kennen tut er jeden.

Oh Darling, der macht jetzt Millionen.
Als Berater oder Konsulent.
Ließ den Rücktritt sich entlohnen.
Und der Bürger brennt.

"Ach wie schön ist's und weil
ich jetzt Cash mache - steil!
Ohne irgend 'nen Stress
Im Freunderlbusiness ...
Vorne ist's geil!
Vorne ist's geil!"

Habe ich schon erwähnt, dass ich auch Fotograf bin? Heutzutage werden Modelle nicht immer nur fotografiert, irgendwann fangen die meisten selbst an zu knipsen. So nach dem Motto: „Wenn uns die Schwerkraft die Kameraseite wechseln lässt." Die Konkurrenz ist also groß. Oder auch nicht. Je nachdem, wie man es sieht. Aber Österreich hat ja auch mindestens vier Millionen Fussballteamchefs (und vier Millionen Frauen, macht also in Summe acht Millionen EinwohnerInnen), da verträgt es auch ein paar Switch-Shooterinnen.

Anlass genug, ein Lied zu ruinieren, auch auf die Gefahr hin, dass dann kein Modell mehr mit mir shooten will. Die steirische Band KGB hatte in den 80ern einen Hit mit "*Motorboot*". Ihr braucht dazu kein Instrument, das Lied ist im Original a capella.

FotOOOO-Gott

I war a Model fuffzehn Joahr.
Grosse Titten, lange Hoar!
Doch weu langsam olles hängt,
hams a Kamera mir gschenkt.
I wü Fotografin wern.
Knips ab jetzt nur nockte Herrn.

Manchmoi bleibt der Deckel drauf.
Net nua waunn i moi zuvü sauf.
Dann schnacksl i den Typen glei.
Ois Fotogott derf ma des eh!
Fotogott, Fotogott - Fotoooogott.
Knipsen tua i nur zua Not.

Fotogott, Fotogott - Fotoooogott.
Fotogott, Fotogott - Fotoooogott.
Fotogott, Fotogott - Fotoooogott.
Modeln tua i nur zur Not!

Meine Büda san a Schaas.
Sogt der Profi, und der waaass's!
Oba glaubt's dem Dodl net!
Weu der nix davon vasteht.
Und waunns Büdl undscharf wird,
wird's hoit mit Blumal schnö vaziert.

Fotogott, Fotogott - Fotooooogott.
Fotogott, Fotogott - Fotoooogott.
Fotogott, Fotogott - Fotoooogott.
Photoshop hilf mir zur Not!

Auf Facebook hab i tausend Fans.
Das is a klar, weu de vastehn's,
Was wirklich gute Fotos sind!
Das Lob hab' ich mir echt vadient!
De Profis machen ja nur Schrott.
Ich bin der wahre Fotogott!

Fotogott, Fotogott - Fotoooogott.
Fotogott, Fotogott - Fotoooogott.
Fotogott, Fotogott - Fotoooogott.
Moi aussa aus dem Modeltrott.

Fotogott, Fotogott - Fotoooogott.
Fotogott, Fotogott - Fotoooogott.
Fotogott, Fotogott - Fotoooogott.
Meine Büda de san hot!

Reinhard Mey's vielleicht geilster Song ist *"Ankomme Freitag den 13."*
Weil er mit einer Macht Bilder eines Alltags in den Kopf zaubert, denen
man sich kaum entziehen kann.

Stellt euch vor, ihr hättet ein Kind, das im Ausland studiert. In Wien zum
Beispiel. Sie schreibt euch nach längerer Zeit einen Brief. Naja, eher eine
Email. Und bitte lest bis zum Ende, es ist bei diesem Lied schwerst
gesundheitsgefährdend, dies nicht zu tun! Wirklich! Ihr seid gewarnt ;-)

Freu' mich auf Euch

Liebe Eltern, ich hab' euch jetzt lang nicht geschrieben.
Einige Wochen sind es sicher, vielleicht sechs oder sieben.
Drum setz' ich mich her und werd' jetzt mal berichten.
Viel ist nicht passiert, nur'n paar so Geschichten.
Ich bin ja seit gestern jetzt wieder entlassen.
Ich freu' mich darüber und kann mein Glück gar nicht fassen.
Die Kopfwunde heilt, nur die Näht' sind noch drinnen.
Und bald kann ich dann mit der Reha beginnen.
Ich kann nach dem Unfall auch schon wieder lallen.
Man sollte halt nicht auf 'ner Party hinfallen.
Schuld waren dabei sicher nur diese Pillen.
Ich freu' mich so auf Euch aber jetzt schon im Stillen.

La la la la la la lalalalala la
La la la la la la lalalalalaaaa

Meine Börse die hab' ich jetzt ja auch schon wieder.
Was mir jetzt noch fehlt sind der Slip und das Mieder.
Das macht aber nichts, weil der Bauch jetzt ja zunimmt.
Ihr freut euch auf's Enkerl, das weiß ich bestimmt.
Ich hoffe nur, dass es auch wirklich von meinem Freund ist.
War ja high und da kriegt man nichts mit, wie ihr eh wisst.
Und auf der Party da waren auch Schwarzafrikaner.
Auch ein Italiener und ein paar Koreaner.
Doch mein Freund sagt, er hätte schon sehr aufgepasst.
Wenn Selim das sagt, hat mich sonst keiner angefasst.
Denn der ist sehr stark und vom Knast auch beinhart.
Ich freu' so mich auf Euch, ohne euch ist es schon hart.

La la la la la la lalalalala la
La la la la la la lalalalalaaaa

Mama, hast du noch irgendwo dein Hochzeitskleid liegen?
Könnte ich es vielleicht dann recht bald von dir kriegen?
Selim sagt wir heiraten in Anatolien.
Die haben ein Haus dort, er schickt ihnen Kohle.
Drum sind wir fast pleite, ich habe schon Schulden.
Er sagt, das wird schon, man müsse nur halt was erdulden.
Er hätte schon für mich was Tolles gefunden.
Die zahlen Vierhundert schon für ein, zwei Stunden.
Er kauft grad die Kleidung, da braucht man was Flottes.
Er sagt, es wäre in Ordnung, und auch nichts Verbotnes.
Seine Freunde kommen jetzt und die zeigen mir dann die Arbeit.
Ich freu' mich so auf Euch, und das ist wirklich jetzt die Wahrheit.

La la la la la la lalalalala la
La la la la la la lalalalalaaaa

Jetzt muss ich dann aufhörn, es läutet an der Türe.
Es sind seine Freunde, sind drei oder viere.
Die machen mir jetzt gleich ne tolle Tätowierung.
Auf dem Po und dem Bauch krieg ich eine Verzierung.
Ach und ja, was ich dir ja noch sagen auch wollte.
Also .. hmm .. das Examen, das ich ablegen sollte.
Da ging etwas schief, hab' das Falsche gelernt.
Und mich dann halt mit einem Fünfer entfernt.
Doch wenn du jetzt den Brief hast bis hierher gelesen.
Dann wäre es dir ganz egal wohl gewesen.
Und bitte glaub nichts davon, bis auf die letzte halbe Strophe.
Ich freu' mich auf Euch, und ihr auf mich wie ich hoffe!

La la la la la la lalalalala la
La la la la la la lalalalalaaaa

"*Go, Karli go!*" sang die EAV vor langer Zeit einmal. EAV zeigen sie im TV keine mehr, aber dafür Musikantenstadl und jetzt Stadlshow.

Ich habe dazu meine eigene Meinung. Ich erzähle euch daher die Geschichte vom Rockmusikfan Rudi, und wie eine Begegnung mit

Mariandl, einem Sternchen aus der volksdümmlichen Musik, seinen Lebensweg verändert hat. Wenn du Rudi heißt oder Marianne, darfst du trotzdem lachen, weil ich dich nicht meine. Außer du findest Gabalier toll. Dann dürfen die anderen lachen.

No Stadlshow!

Der Rudi war ein braves Kind.
Wie man es heute ziemlich selten find't!
Der Musikgeschmack war Rock und Roll.
Auch Blues und Klassik fand er toll.
Und sein MP3
war immer live dabei.

Seine erste Freundin, die hieß Marianne.
Sie verführte ihn in Auto, Bett und Wanne.
Die Marianne hat den Rudi umgepolt.
Seitdem weiß er wie im Stadl jeder klatscht und johlt.
Ihr zuliebe ließ er ab von Rock und Roll
und findet Gabalier jetzt toll.

Der Freundeskreis schrie "Oh mein Gott!
Ein musikalischer Bankrott!"
Und auch sein eigner Vater
sagt: "Geh zum Psychiater!"

No Stadlshow, no Stadlshow!
Die macht volksdümmlich nur Idioten froh!
No Stadlshow, no Stadlshow!
Die macht volksdümmlich nur Idioten froh!

Statt Jethro Tull die Caro Reiber,
und Carmen Nebel, diese Weiber
die säuseln ihm die Birne voll.
Dank Mariann find't er es toll.
Er kauft Karten für den Musikantenstadl
Schuld ist nur das Mariannenmadl.

Die hat ihm nämlich suggeriert,
ihn regelrecht hypnotisiert:
Du wirst beim Sex so richtig rasen
Wenn's nebenbei im Stadl die Trompete blasen.

No Stadlshow, no Stadlshow!
Die macht volksdümmlich nur Idioten froh!
No Stadlshow, no Stadlshow!
Die macht volksdümmlich nur Idioten froh!

So geht das nun schon dreizehn Jahre.
Mariandl krieg jetzt graue Haare.
Der Rudi aber ist topfit
Nur sie kommt langsam nimmer mit.
Da fegt sie der Rudi weg mit einem Wischer
und schnackselt ab sofort Helene Fischer.

Sein Vater meint mit stolzer Brust:
"Das habe ich schon immer gwusst!
Dass der mal ein Star wird,
bevor es mit mir gar wird!"

Jo, Stadlshow, jo Stadlshow!
Ohne Werbepause nicht mal Zeit fürs Klo!
Jo, Stadlshow, jo Stadlshow!
Ohne Werbepause nicht mal Zeit fürs Klo!

Jo, Stadlshow, jo Stadlshow!
So ein Playback macht den Produzenten froh!
Jo, Stadlshow, jo Stadlshow!
So ein Playback macht den Produzenten froh!

Weihnachtslieder

Ja, auch die sind vor mir nicht sicher! Aber um eure Suche am 24. Dezember zu vereinfachen, packe ich sie an dieser Stelle einfach am Ende des Buchs zusammen.

Dabei kommt man an "*Ihr Kinderlein kommet*" sowieso nicht vorbei. Also warum soll nicht der frühe Baumarktkunde das Angebotskorn finden? Baumarkt statt Weihnachtsmarkt, ist die Devise!

Falls ihr das nach Weihnachten lest, seid ihr selber schuld!

Ihr Kunden, ach kommet

Ihr Kunden, ach kommet, oh kommet doch bald.
Im Baumarkt ist Weihnacht, so wie's Euch gefallt.
Vom Band tönt entnervend entstellte Musik.
Bringt Kunden in Stimmung, das macht man geschickt.

Die Leuchtmittel sind heut im Angebot. Fein!
Zehn Euro für zwei, na die kaufen wir ein.
Die Leuchtkette da passt ganz sicher ins Bad.
Gekauft, denn wer weiß, ob's der morgen noch hat.

Die Frau ist zuhause, im Baumarkt will ich
die Ruhe beim Einkauf alleine für mich.
Die Liste liegt sicher zuhause am Schrank.
Doch ich merk mir alles, als Mann, Gott sei Dank!

Den Christbaum, ach ja, na den hol ich nachher.
Was schlepp' ich die Grünleich' so lange mit mir.
Noch schnell einen Sprung jetzt zum Werkzeug, wie geil!
Ich kauf eine Säge, den Hammer, das Beil.

Oh! Das ist jetzt günstig, da kostet der Lack
die Hälfte von sonst, worauf ich ihn einpack.
Die Farbe ist "Malve", das braucht ich zwar nicht.
Doch um diesen Preis, wär es blöd, man verzicht'!

Am Wege zu Kasse, fast hätt' ich verpasst den.
Für Fälle von Not einen Top Verbandskasten.
Wer heimwerkt der läuft schließlich manchmal Gefahr,
Dass der Hund einmal bellt, man erschrickt, ist ja wahr.

Schon knapp eine Stunde jetzt an Kasse vier.
Nun bin ich gleich dran, nur noch einer vor mir.
Der hat seine Nägel zu wägen vergessen.
Ich hau' diesem Trottel jetzt gleich in die Fressen.

Ich bin an der Reihe, der Wagen ist voll.
Die Länge der Kette? Weiß nicht was das soll!
Ach, das muss man messen und etikettiern?
Na dann miss halt und nerv nicht, statt nur zu kassiern!

Ich fahre nach Hause, der Kofferraum spießt.
Zu klein ist die Karre, was mich sehr verdrießt.
Mit zehn Kilometerm die Stunde ist's zäh.
Hör auf da zu hupen, ich seh' dich ja eh!

Zuhause wird dann mal mit sehr großem Stolz
der Frau präsentiert Werkzeug, Lichter und Holz.
Sie sagt nichts und fragt nur am Ende mal schnell:
"Den Baum hast vergessen? Ich wusste es, gell!"

Zuerst wird im Bad Lichterkette montiert.
"Kein Feuchtraum!" - der Hinweis wird glatt ignoriert.
Dann ab in den Wagen, zum Markt um den Baum.
Vor Weihnachten ist das dem Manne ein Traum.

Schon nach nur zwei Stunden, da biege ich ein.
Es blinkt unser Haus, ach wie ist das doch fein.
Doch halt! Warum blau? Meine Lichter sind rot!
Es beruhigt mich der Rettungsmann: "Niemand ist tot!"

Es hat nur beim Duschen mal kräftig geblitzt.
Vor Schreck ist die Oma im Bad dann gestürzt.
Und hat dann zu tief in den Spiegel geschaut.
Die Nase kaputt, auch der Spiegel zerhaut.

Am Ende da war alles gut wieder. Fast!
Beim Kürzen des Baums, ähm, da hat so ein Ast.
Mit Schwung sich samt Nadeln in mich rein gebohrt.
Es war der Verbandskasten aber vor Ort.

Zu Weihnachten warn wieder alle gesund.
Die Oma, die Kinder, der Papa, der Hund.
Jetzt dauert es wieder fast ein ganzes Jahr.
Bis ich dann zum Weihnachtsfestbaumarkte fahr!

Ihr dürft diese Lieder gerne zuhause singen. Heuer, nächstes Jahr, am besten ...

Alle Jahre wieder!

Alle Jahre wieder
kommt der Kommerz ins Haus.
Für Frauchen gibt's ein Mieder.
Da schaut sie sexy aus.

Der Papa kriegt ein Handy,
das er eh nicht kapiert.
Die alten nie versteh'n die.
Die sind halt schon verwirrt.

Die Tochter will ein Auto.
Mit Rücksitz sagte sie.
Die Mutter stöhnte laut: "Oh!
Das kaufen wir ihr nie!"

Dem pubertären Bübchen
kauft man ein Actionspiel.
In seinem Oberstübchen
zerstört das nicht mehr viel.

Nur ich bin wunschlos glücklich
Ich brauche keine Gab'.
Denn ich, ja ich verdrück mich.
Weil ich's dann ruhiger hab!

Die Weihnachtsliederzeit im Radio begann 2014 nicht mit *"Last Christmas"* von Wham sondern mit "A Schas is es!" vom Leitenbauer. Und der arme Leitenbauer musste sich das Originallied mehrmals anhören, weil die Rhythmik gar nicht so einfach ist. Man sieht also – Lieder zu ruinieren bestraft der liebe Gott umgehend!

Falls Euch die beiden letzten Zeilen irgendwie bekannt vorkommen: Der Reim ist geklaut. Vom Rainhard natürlich.

A Schas is es!

A Schas is es - mi nervt der Advent!
Mei Auto, des parkt - vorm Christschwindelmarkt.
Mei Frau - die haut mi sonst blau:
I muass auf den Markt heut mitgeh'!

A Schas is es - vü zu vü Leut!
Sie kauft und sie kauft - er sauft und er sauft!
Mei Frau - "Geh' Schatzi kumm schau!"
Sie steht vor de Birkenkerzen.

Sie kauft ein - ohne Pause und ohne Stop.
I renn hintendrein - und i trag ihr den Schrott.
Schau dass mi kana siagt. Das wär' peinlich mir sehr!
I glaub', I werd jetzt streiken, a guade Hoibe muass her!

Christbaumkugeln, Kerzen, Kranz und Wollhandschuh.
Fünf Sackerl voll, das Börserl leer - so geht's im Nu.
Und wia i dann vor dem Punschstandl steh:
Kan müden Cent im Gödtaschl, wer soll des vasteh?

A Schas is es - ich hasse des Kalte!
Da sagt mei Alte - "Schau, a Kerz', a bemalte!"
I denk mir "Ein Wort nu von Dir!
Und ..." aber i bin ja brahav!

A Schas is es - ma rempelt mi an.
Das Sackerl es fällt - die Kugel zerschellt.
Sie schimpft laut - "Wieso hast's runter g'haut?"
Der Rempler geht lachend weiter ...

Mein Magen knurrt - der Hunger ist schlimm.
Es ruft die Bratwurst - sagt zu mir "Kimm!"
Es ruft meine Frau - sagt zu mir "Nimm!"
So Christschwindelmärkte, de san richtig schlimm!

Wir kommen zum Auto - leider ist's nicht mehr hier.
Dafür ein Schild - "Abschleppzone ab vier!"
Das stand zuerst sicher noch nicht da.
Die Alte macht zusätzlich an Batzen Trara!

A Schas is es - ich hasse die Pfosten!
Ich geh jetzt am Posten - wird zwa Hunderter kosten.
Mei Frau, sie steht da - mit hochroten Ohren.
I hoff wenn i zruck kumm, is de endlich erfroren.

A Schas is es - mi nervt der Advent!
Wenn sie vor ihm rennt - er dahinter, der brennt.
I wünsch des ollas am liabsten zum Teufi.
I steh auf mei Couch - auf den Weihnachtsmarkt pfeif i!

Weihnachten kommt mit Riesenschritten. Egal, in welchem Monat ihr
dieses Buch lest. Spätestens in zwölf Monaten denkt ihr über einen Baum

nach. Ganz sicher! Einen schönen, grünen Tannenbaum. Und wehe, ihr kauft einen, der eurer Frau (oder eurem Mann) nicht zusagt. Sowas kann fürchterliche Folgen haben!

Oh Tanne braun!

Oh Tanne braun, oh Tanne braun!
Du bist so hässlich anzuschaun!
Gekauft vor Wochen, grün und breit.
Du nadellose Trauerweid'!
Oh Tanne braun, oh Tanne braun!
Ich ließ über mein Ohr mich hau'n!

Oh Tanne braun, oh Tanne braun!
Wie kannst den Teppich mir versau'n!
Die Nadeln nicht am Ast mehr drauf.
Am Boden liegen sie zuhauf.
Oh Tanne braun, oh Tanne braun!
Du brachst mein Nadelbaumvertrau'n!

Oh Tanne braun, oh Tanne braun!
Ich werd' dich aus dem Fenster hau'n!
Die Äste sind schon alle morsch.
Die Kugel fiel, jetzt ist's im Arsch.
Oh Tanne braun, oh Tanne braun!
Im nächsten Jahr a frische klau'n.

Es müssen nicht nur immer deutsche Weihnachtslieder sein. Ich bediene euch international! "*Jingle Bells*" kennt jeder. Wenn die Glocke läutet, könnte aber auch jemand anders vor der Tür stehen. Ich wünsche es euch nicht.

Allerdings möchte ich das jetzt nicht als Kritik an einer einzigen Religionsgemeinschaft verstanden wissen. Es geht vielmehr darum aufzuzeigen, dass der schnöde Mammon schon seit Jahrhunderten auch

in der Religion so manches Wunder in den zinseszinslichen Schatten
stellt.

Klingel schnell!

Sie geh'n von Tür zu Tür.
Den "Wachturm" in der Hand.
Meist sind sie zwei bis vier.
Kampf um Sektenfortbestand!
Und sind sie mal im Haus.
Dann geben sie nicht auf.
Denn es kommt da keiner aus
dem Diskussionsverlauf.

Klingel schnell, klingel schnell!
Vielleicht ist wer daheim.
Der wird dann gleich mal missioniert.
Der geht uns auf dem Leim! Ja!
Klingel schnell, klingel schnell!
Den wecken wir jetzt auf!
"Erwache!" schallt es an der Tür.
Seelenheilverkauf!

Das ist so neu ja nicht.
Gab's fünfzehnhundert schon.
Da stand der Titzel-Wicht
in der Wittenbergregion.
"Die Seele, ja sie springt
in den Himmel ohne Müh'.
Wenn das Geld im Kasten klingt.
Für Ablass ist es nie zu früh! Ja!"

Klingel Geld, klingel Geld!
In Rom baut man den Dom!
Der Zehnte reicht dafür nicht mehr.
Man braucht die Kohle schon!
Klingel Geld, klingel Geld!
Der Luther wollt' das nicht.
Und er empfand für diese Welt
eine Missionierungspflicht.

Klingel Geld, klingel Geld!
Mir ist das nicht geheuer!
Warum gibt es denn das Seelenheil
nur mit der Kirchensteuer?
Klingel Geld, klingel Geld!
Der Bischof braucht ein Haus.
Ein wenig Luxus muss schon sein.
Vom Schäfchen kommt die Maus!

Ich komme aus Oberösterreich. Wie der Name schon sagt, ist das – ach lassen wir das!

DAS Heiligtum des oberösterreichischen Weihnachtsliedguts ist das 1883 im Innviertel entstandene *"Es wird scho glei dumpa"* (für Nichtoberösterreicher: "Langsam wird es dunkel"). Überhaupt ist dieses Lied im tiefsten, oberösterreichischen Dialekt geschrieben und kann auch nur unter Beibehaltung dieser Mundart mit einem neuen Text versehen werden. Wenn ihr es also nicht versteht, ruft mich unter der Dialektnotrufnummer (findet ihr im Telefonbuch gleich unterhalb der Polizei) an.

Leider verkommt Weihnachten zusehends zum Kommerz. Daher:

Wer braucht denn des Glumpat?

Wer braucht denn des Glumpat?
Wer hat denn des brocht?
Da wird jetzt net gsumpat.
Da wird jetzt foisch glocht!
Des Packal wird au-haufgmocht.
Dann schaut ma vazückt.
Der Geber wird angelocht.
Sunst is er bedrückt.
Plei-hei-te!
Plei-hei-te!
Sonst wird's Fest eine Plei-hei-te!

Des Papier wird gefaltet.
De Mama hebt's auf.
Für nexts Joahr verwaltet.
Da kimmt's wieda drauf.
Da Papa hat sehr vü Freid
mit dem O de Toalett.
Er duftet si glei moi ein.
Dann gemma ins Bett.
Plei-hei-te!
Plei-hei-te!
Eine duftende Plei-hei-te!

Moderne Familien,
die dachten da nach.
Geschenkutensilien
de wern abgeschafft.
Ma schenkt sich an Hunderter.
Im Kuvertl drin.
Und keiner den Plunder mehr.
So macht Schenken an Sinn.
Plei-hei-te!
Plei-hei-te!
Kana is danoch plei-hei-te!

Endlich veröffentlicht - die aktualisierte Version des Weihnachtsliedes *"Kommet Ihr Hirten!"* Worauf reimt sich Hirt? Na? Seht ihr – so einfach ist das Liedruinieren!

Mit freundlicher Unterstützung der österreichischen Gastronomie.

Kommet zum Wirtn!

Kommet zum Wirtn, ihr Männer und Frau'n!
Kommet und trinket, ich tu für euch brau'n!
Der Festbock im Fasse
schmeckt wirklich klasse.
Fürchtet Euch nicht!

Kommet zum Wirtn, ihr Männer, ihr müsst euch trau'n.
Wenn sie euch fragt, dann sagt: ihr kauft einen Weihnachtsbaum.
Mann muss das einfadeln.
Bier statt der Nadeln.
Fürchtet Euch nicht!

Kommet zum Wirtn, ihr Männer, so oft es geht.
Denn unser Wirt säuft selber, ist einer, der das versteht.
Statt bei euch zuhause
Im Wirtshaus a Jause.
Fürchtet Euch nicht!

Kommet bei der Wirtin, ihr Männer, ach seid nicht dumm.
Denn ihr Mann, der ist eh im Delirium.
Sie ist euch willig.
Relativ billig.
Fürchtet euch nicht!

Kommet vom Wirtn nur nicht zu bald nach Haus.
Da ist möglicherweise der Freund noch nicht hinaus.
Während ihr fort wart.
Er bei ihr gebohrt hat.
Fürchterlich war das nicht!

Einmal kein ruiniertes Lied, sondern ein sanftes, einfühlsames Weihnachtsgedicht. Ohne Musik. So wie es sich in vielen glücklichen Familien am 24.12. abspielen mag.

Die Weihnachtsidylle

Am Fenster der Küche da strahlen
die Lichter in sanftestem Glanze.
Gekauft, war Aktion, und bezahlen
kann später man dann ja das Ganze.

Es prickelt, die Kinder sind hektisch.
Die Mutter bäckt grad noch mal Plätzchen.
Im Radio tönt es eklektisch:
Last Christmas. "Jan, mach' keine Mätzchen!"

Der Vater liest Zeitung, in Ruhe.
Die Mutter schwitzt backend am Herd.
Da reicht's ihr, sie ruft ihn schnell: "Du, he!"
Fragt ihn, wann zum Händler er fährt?

"Ein Baum wär' jetzt langsam schon wichtig!
Denn schmücken soll ich ihn ja auch."
Der Mann denkt: "Naja, das ist richtig."
Und schwabbelnd erhebt sich sein Bauch.

So fährt er um elf, also früh' schon,
zum Karli zu holen die Tanne.
Und denkt sich: "Da trink ich an Glüh' dann!"
Die Mutter steckt Jan in die Wanne.

Der Tisch ist schon Stunden gerichtet.
Die Würstel sind sorgsam gemehlt.
Auf Tradition wird nicht gerne verzichtet.
Während Vater mit Glühwein sich stählt.

Um fünf, da ist alles längst fertig.
Die Oma, die musste sie holen.
Sitzt raunzend und meint damenbärtig:
"Bäume *kaufen*? Die g'hören gestohlen!"

Nervös zupft die Mutter am Deckerl.
Wo bleibt denn der Vater so lang?
Sie bäckt halt noch auf schnell die Weckerl.
Da hört sie - vertraut ist der Klang.

Der Vater, er läutet die Klingel.
Der Schlüssel passt nicht mehr ins Schloss.
Der Glühwein, vom Karli, dem Schlingel ...
Die Becher war'n einfach zu groß.

Die Mutter fragt ihn nach dem Baume.
Stolz reicht er ihr da einen Ast.
"Na ist dieser Baum nicht ein Traum, he?"
Sie kennt das ja und bleibt gefasst.

Am Haken, an der Decke da hängt er:
der Ast, daran baumeln zwei Sterne.
"Gut gemacht hab' ich das!" ja so denkt er
und macht sich ein Bier auf sehr gerne.

Dann singt man wie immer die Lieder:
Das "Dumpa" und dann stille Nacht.
Beim Jan zucken lang schon die Glieder.
Jetzt werden die Packerl aufg'macht!

Für Oma, da gibt's eine Weste.
Der Papa kriegt Eau de Cologne.
Der Jan kriegt mal wieder das Beste:
Er startet die Drohne auch schon.

Doch leider fehlt noch ihm die Übung.
Die Drohne knallt gleich in die Lampe.
Der fällt, Weihnachtsfriedenseintrübung!
Die Lampe liegt auf Papas Wampe.

Die Drohne fliegt dann in den Ast.
Es regnen die Nadeln und dann
bleibt am Tisch nichts mehr liegen, na fast.
Nur das Bier Papa retten noch kann.

Es wäre ja alles nicht tragisch.
Doch dann hat die Drohne beschlossen:
"Einen Flug in den Fernseher mag isch!"
Am Wege auch Vase abg'schossen.

Die Propeller, die griffen sich noch
Omas Weste, der Auftrieb versiegte.
Nur noch zuckend am Boden sie kroch,
wo sie sterbend die Katze noch kriegte.

Am Ende war'n alle zufrieden.
Das ging heuer ganz glimpflich noch ab.
Auch die Katz' ist daran nicht verschieden.
Und es brannte mal endlich nichts ab.

Und so freuten sich alle am Ende.
Weihnachten abgehakt, jetzt kommt Silvester.
Und der Papa merkt: "Oh meine Lende.
Heut Nacht mach' ich dem Jan eine Schwester!"

Weihnachten!

Auch wenn ihr das vielleicht im Hochsommer lest, irgendwann ist wieder
Weihnachten. Lasst das Buch also bis dahin einfach hier aufgeschlagen
herumliegen. Das wirft sowieso ein gutes Licht auf euch. Stellt euch vor,
es kommt die Schwiegermutter zu Besuch, mit dem Gedanken, dass ihr

nicht gut genug für ihre Tochter oder ihren Sohn seid. Dann sieht sie, was ihr lest – glaubt mir, das Problem hat sich damit erledigt!

Der Winter naht und damit das "*Schifoan*" begleitet vom gleichnamigen Lied vom Woiferl Ambros. Ich summe das oft vor mich her beim Wedeln. Muss man sich vorstellen, da kommt so ein gutaussehender Typ elegant herunter geschwungen, und wenn sich die Pulverschneewolke nach seinem Carvingschwung verzogen hat, hört man noch die Musik nachhallen ...

Allerdings musste ich das Lied etwas adaptieren.

Vier Joahr!

Um zwölfe z'Mittag spricht der Richter sein Spruch.
"Ab in Häfn!" - der Strasser denkt sich "Huch!"
"I war doch nur Agent provocateur.
Jetzt buchten's mi ei, was kann den i dafür?"

Es san fast viiiieer Joahr, vier Joahr!
Oh oh oh oh, vier Joahr!
Da gibt's glei moi was Leiwaunders,
wia ma si leicht vurstöhn kaunn!

Der Hoeness vasteckt die Millionen geschickt.
Doch die Finanz hat sie trotzdem entdeckt.
Drum sitzt er jetzt und sieht die Bayernspiele nicht.
Weil im Häfn da dreht man
schon recht bald ab Strom und Licht!

Er sitzt fast viiiieer Joahr, vier Joahr!
Oh oh oh oh, vier Joahr!
Da gibt's glei moi was Leiwaunders,
wia ma si leicht vurstöhn kaunn!

Und waunn de Safn eam auf dem Bodn foit.
Dann wünscht er sich, der hinter ihm wär koit.
Weu so a Warmer, zwa Meter und fett:
der findet den Hoeness hoit extrem adrett!

Und des für viiiieer Joahr, vier Joahr!
Oh oh oh oh, vier Joahr!
Da gibt's glei moi was Leiwaunders,
wia ma si leicht vurstöhn kaunn!

Der Kartnig, der raucht eine dicke Zigarrn.
Er wird's mit der Fußfessel schon geschickt für ihn drahn.
Da sagt ihm der Richter: "Diesmal hast bei mir kein Glück!"
Und schickt ihn für vier Jahr in den Knast zurück!

Er sitzt jetzt viiiieer Joahr, vier Joahr!
Oh oh oh oh, vier Joahr!
Da gibt's glei moi was Leiwaunders,
wia ma si leicht vurstöhn kaunn!

Das Ende naht ...

Womit soll man so ein Stück Weltliteratur wie dieses Buch abschließen?

Ja klar, mit der letzten Seite. Eine sehr hilfreiche Meldung. Und lach' jetzt nicht so blöd, sonst mach' ich über dich auch noch ein Lied. Na also, geht doch, man muss nur vernünftig mit den Leuten reden!

Nach einem sehr langen, intensiven Entscheidungsfindungsprozess, bei dem ich es mir die ganzen fünf Minuten wirklich nicht leicht gemacht und alle möglichen Argumente einer intensiven Prüfung unterzogen habe, fiel die Entscheidung: Es muss der arme Heinz Rühmann dran glauben. Der brach die Herzen der stolzesten Frau'n. Ich hingegen ... Ein Lied übers Liedruinieren, quasi ein meta-ruinöses Lied!

Ich brech die Texte, ich tu sie versau'n

Ich brech die Texte, ich tu sie versau'n!
Weil ich so zynisch und so ungehobelt bin.
Man muss ein Lied nur mir vorschlagen trau'n:
Und - schon isses hin!

Ich hab' bei Texten halt einfach viel Glück.
Das ist kein Wunder, denn mein Sternbild ist das Bier.
Ich lach' halt gerne, und das ist mein Trick.
Das hasst man an mir!

Ich hör' ein Lied.
Und denk "Genau!
Schon wieder eins,
das ich versau!"
Komm ich in Glut,
dann klappt das Reimen so gut!

Ich brech die Texte, ich tu sie versau'n!
Weil ich sarkastisch und ein bisschen böse bin.
Man muss ein Lied nur mir vorschlagen trau'n:
Und - schon isses hin!

Ich hör' ein Lied.
Und mach mich schlau.
Wie ich das bös'
und schnell versau'.
Fass ich mal Mut,
dann klappt das Reimen ganz gut!

Ich brech die Texte, ich tu sie versau'n!
Schon über hundert, und es werden täglich mehr.
Ich gender' nicht, es trifft Männer und Frau'n.
Mit mir hat man's schwer.

Nachwort

Diese Zeilen sind für all jene gedacht, die das vorliegende Buch von vorne bis hierher gelesen haben.

Respekt! Eure Leidensfähigkeit beeindruckt mich! Aber es gibt auch eine Belohnung dafür. Ich bin mir sicher, Gott wird euch die Zeit für das Fegefeuer anrechnen. Lediglich einen vollkommenen Ablass kann ich euch leider noch nicht versprechen, ich bin diesbezüglich aber noch in Verhandlungen mit Rom.

Wenn euch ein Lied einfällt, das sich zu ruinieren lohnt, lasst es mich wissen. Wenn nicht, lasst es mich nicht wissen. Meine Emailadresse findet ihr im Impressum. Ihr dürft mir auch schreiben, wenn euch das Buch gefallen hat. Wenn nicht, dann bitte im Betreff die Zeile „SPAM" einfügen, das erleichtert mir die Filterung enorm.

Ich lese gerne eure Emails, wirklich! Und ich verspreche auch zu antworten. Wenn keine Antwort kommt, hat ein radikaler Islamist „Allahu Nacktbar" zum Anlass genommen, mich zu eliminieren. Ihr erkennt das an meinem Heiligenschein auf dem Profilfoto in Facebook. Ich freue mich übrigens auch über eure Freundschaftsanfragen in Facebook, solange ihr keine radikalen Rechten oder Linken seid oder etwa Fremdenhasser. Normal müsst ihr aber nicht sein, das würde den Umgang mit mir nur erschweren.

Bis ich also von euch höre, bitte ich euch zu beherzigen:

ALWAYS LOOK AT THE BRIGHT SIDE OF LIFE!

(AND USE SUNGLASSES FOR THAT!)

Euer Günter

Lied- und Interpretenverzeichnis

Auf den nächsten Seiten findet ihr auf mehrfachen Wunsch zur leichteren Orientierung alle Lieder und Interpreten mit einem Verweis auf die entsprechende Seite alphabetisch geordnet.

Es sind ja nun doch weit über hundert Lieder, da macht das durchaus Sinn, auch wenn die Lieder selbst keinen machen.

Impressum:

Inhalt © Dipl. Ing. Günter Leitenbauer

Email: guenter@leitenbauer.net

ISBN: 9783738642650

Herstellung und Verlag: BoD - Books on Demand, Norderstedt